Aventurile lui Alice în Țara Minunilor

Aventurile lui Alice în Țara Minunilor

Alice's Adventures in Wonderland in Romanian

De

Lewis Carroll

ILUSTRAȚII DE
JOHN TENNIEL

TRADUCEREA ÎN ROMÂNĂ DE
CLAUDIA E. STOIAN

evertype

2020

Publicată de/*Published by* Evertype, 19A Corso Street, Dundee, DD2 1DR, Scotland. *www.evertype.com*.

Titlul original/*Original title: Alice's Adventures in Wonderland.*

Această traducere/*This translation* © 2020 Claudia E. Stoian.
Această ediţie/*This edition* © 2020 Michael Everson.

Referent ştiinţific/*Advisory editor*: Sorin Ciutacu

Prima ediţie/*First edition* 2020.

ISBN-10 1-78201-260-5
ISBN-13 978-1-78201-260-3

Tehnoredactat în De Vinne Text, Mona Lisa, ENGRAVERS' ROMAN, şi *Liberty* de Michael Everson. *Typeset in De Vinne Text, Mona Lisa, ENGRAVERS' ROMAN, and Liberty by Michael Everson.*

Ilustraţii/*Illustrations*: John Tenniel, 1865.

Coperta/*Cover*: Michael Everson.

Cuvânt înainte

Lewis Carroll este pseudonimul folosit de Charles Lutwidge Dodgson. Acesta a fost lector de matematică la universitatea Christ Church, Oxford. Dodgson a început povestea pe 4 iulie 1862, când a întreprins o călătorie într-o barcă cu vâsle pe râul Tamisa (Isis) din Oxford împreună cu reverendul Robinson Duckworth, cu Alice Liddell (în vârstă de zece ani), fiica decanului universității, și cu cele două surori ale acesteia, Lorina (treisprezece ani) și Edith (opt ani). După cum reiese din poezia de la începutul cărții, cele trei fete i-au cerut lui Dodgson o poveste, iar acesta, cu reticență, a început să le spună prima versiune a poveștii de față. Cartea a fost publicată în cele din urmă în 1865, conținând numeroase referințe oarecum ascunse la cei cinci călători.

Cartea *Alice's Adventures in Wonderland* a fost tradusă pentru prima dată în limba română în anii 40. De atunci, mai mult de douăzeci de traduceri au fost publicate, pe lângă diverse repovestiri și prescurtări.[1] Traducerea de față își

---

1   Pentru o comparație între traducerile românești existente, a se vedea eseul: Stoian, Claudia. 2015. "The Romanian Alice in the Country of Marvels: Decipher the Charades" în Jon A. Lindseth (ed.) *Alice in a World of Wonderlands: The Translations of Lewis Carroll's Masterpiece*, vol. I *Essays*, pp. 457–460. Newcastle, Deleware: Oak Knoll Press.

propune să contribuie la varietatea românească de traduceri cu o versiune mai modernă și actualizată, în tendință cu cititorul de astăzi. În plus, aceasta conține câteva extrase absente din celelalte traduceri, cum ar fi o scurtă prefață, ce oferă un răspuns ghicitorii Pălărierului și două scrisori dedicate copiilor din lumea întreagă, toate scrise de Carroll însuși.

Înțelegerea și traducerea capodoperei lui Lewis Carroll reprezintă o provocare pentru orice traducător, indiferent de mediul personal de proveniență, nivelul de engleză și cunoștințele despre lume. Acest lucru se datorează mai ales geniului scriitorului și modului în care acesta a combinat situații și personaje atât reale, cât și fictive, într-o poveste aparent dedicată copiilor. Dificultatea reiese, de asemenea, din diferențele de epoci, obiceiuri și culturi, pe de o parte, și numeroasele jocuri de cuvinte, glume, poezii și nonsensuri, pe de altă parte. Unele dintre aceste aspecte sunt imposibil de tradus și/sau redat în altă limbă.

Traducerea de față a urmat textul sursă, cât mai îndeaproape, acordând o atenție deosebită tonului, ironiei și jocurilor de cuvinte specifice lui Carroll. De exemplu, a păstrat titlul inițial ce conține cuvântul „aventuri" și, a construit, la fel ca în original, jocuri de cuvinte pentru materiile studiate de Falsa Broască-Țestoasă. În anumite cazuri, textul sursă a fost adaptat publicului românesc pentru a se potrivi mediului sociocultural al acestuia, cum ar fi „Mariana" pentru „Mary Ann", „Ion" pentru „Pat", „hopa-mitică" pentru „Jack-in-the-box" sau „Eliza, Luiza și Tina" pentru „Elsie, Lacie and Tillie". Totuși, în alte cazuri, anumite informații s-au pierdut în procesul de traducere, cum ar fi de exemplu titlul capitolului III, „A Caucus-Race and a Long Tail". Traducerea „Cursa inutilă și povestea lungă" [The Useless Race and the Long Tale] părea cea mai potrivită. Cuvântul „cursă" în limba română se poate referi la politică și concurență electorală, dar legătura originală și evidentă cu politica este pierdută. În ceea ce priveşte cuvintele omofone „tail" şi „tale", jocul de cuvinte între ele este prezent în capitolul tradus, chiar dacă lipseşte din titlu. Alte expresii au fost omise în întregime, întrucât nu au corespondent ca atare în limba română, cum ar fi „grin like a Cheshire-Cat" sau „mad as a hatter".

În ceea ce priveşte poeziile, traducerea lor pare individuală fiecărui traducător. În cazul de faţă, rima a fost păstrată, dar parodia s-a pierdut, deoarece acestea sunt de obicei necunoscute publicului din zilele noastre, atât în forma lor originală, cât şi în cea prezentată de Carroll. Singurele versuri schimbate şi adaptate publicului românesc sunt cele cântate de Pălărier. Cântecul lui pentru copii, care poate fi cunoscut de români datorită globalizării, a fost înlocuit de un celebru cântec românesc de adormit copiii, deoarece a părut mai potrivit şi, pe lângă asta, a evidenţiat greşelile Pălărierului.

Având toate aceste lucrurile în vedere, încercarea de a traduce *Alice* în limba română a fost o experienţă autentică, intelectuală şi amuzantă. În cazurile dificile, cartea *The Annotated Alice*[2] a fost mai mult decât utilă. Aş dori să-i mulţumesc prietenului meu, Dr Sorin Ciutacu, pentru revizuirea traducerii şi pentru informaţii valoroase. Mulţumirile mele speciale sunt adresate şi lui Jon A. Lindseth pentru că a crezut în mine şi lui Michael Everson pentru că a făcut lucrurile posibile.

În cele din urmă, dedic această traducere scumpei mele fiice, Natalia.

Claudia E. Stoian
Lugoj, Crăciunul 2019

---

2 Carroll, Lewis. 2015. *The Annotated Alice: Alice's Adventures in Wonderland & Through the Looking-Glass*, ediţie de lux cu ocazia a celei de-a 150 aniversări, cu ilustraţii originale de John Tenniel, editată de Martin Gardner, explicată şi actualizată de Mark Burstein. New York: W. W. Norton & Company, Inc.

Foreword

$\mathcal{L}$ewis Carroll is a pen-name: Charles Lutwidge Dodgson was the author's real name and he was lecturer in Mathematics in Christ Church, Oxford. Dodgson began the story on 4 July 1862, when he took a journey in a rowing boat on the river Isis in Oxford together with the Reverend Robinson Duckworth, with Alice Liddell (ten years of age) the daughter of the Dean of Christ Church, and with her two sisters, Lorina (thirteen years of age), and Edith (eight years of age). As is clear from the poem at the beginning of the book, the three girls asked Dodgson for a story and reluctantly at first he began to tell the first version of the story to them. There are many half-hidden references made to the five of them throughout the text of the book itself, which was published finally in 1865.

Alice's Adventures in Wonderland was first translated into Romanian in the 1940s. Since then, more than twenty translations have been published, apart from various retellings and abridgements.[1] The present one aims to contribute to the Romanian array of translations with a more modern and up-to-date version, keeping up with the current audience. It contains also some excerpts absent from the other translations, such as a short preface, providing an answer to

---

1 For a comparison between the existing Romanian translations, see the essay: Stoian, Claudia. 2015. "The Romanian Alice in the Country of Marvels: Decipher the Charades" in Jon A. Lindseth (ed.) *Alice in a World of Wonderlands: The Translations of Lewis Carroll's Masterpiece*, vol. I *Essays*, pp. 457–460. Newcastle, Delaware: Oak Knoll Press.

the Hatter's riddle, and two letters dedicated to the children world-wide, all written by Carroll himself.

To understand and translate Lewis Carroll's masterpiece is a challenge for any translator, no matter her/his personal background, level of English and knowledge of the world. This is due especially to the writer's genius and the way he embedded both real life and fictional situations and characters into a story apparently dedicated to children. The difficulty arises also from the differences in time, customs and cultures, on the one hand, and the numerous puns, jokes, poems and nonsense, on the other hand. Some of these aspects are impossible to translate and/or render into another language.

This translation has followed the source text, as closely as possible, paying special attention to Carroll's tone, irony and puns. For example, it has kept the initial title, preserving the word "adventures" or, similar to the original, has built puns for the subjects studied by the Mock Turtle. There are instances in which the source text has been adapted for the Romanian public in order to fit their background, such as "Mariana" for "Mary Ann", "Ion" for "Pat", "hopa-mitică" for "Jack-in-the-box" or "Eliza, Luiza, and Tina" for "Elsie, Lacie, and Tillie". In other cases, however, information has been lost in the process of translation, as for example the title of Chapter III, "A Caucus-Race and a Long Tail". The translation "Cursa inutilă și povestea lungă" 'The Useless Race and the Long Tale' seemed to be the most appropriate. In Romanian, the word "cursă" 'race' may refer to politics and electoral competition, but the original and obvious link to politics is lost. As for the homophones "tale" and "tail", the word play between them is present in the translated chapter, even if absent from the title. Several idioms have been omitted entirely as they have no correspondent as such into Romanian, such as "grin like a Cheshire-Cat" or "mad as a hatter".

As for the poems, their translation seems individual to each translator. In this case, the rhyme has been preserved, but the parody is inexistent, as they are usually unknown to nowadays audience, both in their original form and as presented by Carroll. The only verses changed and adapted to the Romanian public are those sung by the Hatter. His nursery song, which may be known by Romanians due to globalization, has been substituted by a famous Romanian one, as it seemed more appropriate and allowed the Hatter's mistakes to become visible.

All things considered, it has been a genuine, intellectual and funny experience to attempt the translation of *Alice* into Romanian. In cases of despair, *The Annotated Alice*[2] was more than helpful. I would like to thank my friend, Dr Sorin Ciutacu, for revising the translation and providing valuable insights. My special thanks go also to Jon A. Lindseth, for believing in me, and to Michael Everson, for making it happen.

Finally, this translation is dedicated to my beloved daughter, Natalia.

Claudia E. Stoian
Lugoj, Christmas 2019

---

2 Carroll, Lewis. 2015. *The Annotated Alice: Alice's Adventures in Wonderland & Through the Looking-Glass*, 150th anniversary deluxe edition, with original illustrations by John Tenniel, edited by Martin Gardner, expanded and updated by Mark Burstein. New York: W. W. Norton & Company, Inc.

Din Prefaţa ediţiei din 1886

De multe ori am fost întrebat dacă există vreun răspuns pentru ghicitoarea Pălărierului (a se vedea p. 66). Astfel că voi consemna aici ceea ce îmi pare a fi un răspuns destul de potrivit, adică „Pentru că poate scoate câteva note, chiar dacă sunt false, şi pentru că nu este pus niciodată cu partea greşită în faţă!" Asta este totuşi doar o completare ulterioară; ghicitoarea, aşa cum a fost ea inventată, nu are niciun răspuns.

Lewis Carroll
Crăciunul, 1896

Aventurile lui Alice în Țara Minunilor

Cuprins

Cu toţii, fără nicio grabă, pluteam
    În cursul unei după-mese însorite,
Cu îndemânare, ambele rame erau,
    De mici braţe cârmuite,
În timp ce mânuţele lor zadarnic doreau
    Ca plimbările să ne fie călăuzite.

Ah, ce trei nemiloase! La o astfel de oră,
    Pe o vreme aşa de bună,
Să ceri o poveste palpitantă unuia care nu poate
    Mişca nici cea mai mică pană!
Şi totuşi, împotriva a trei voci unite,
    Cum poate lupta o voce sărmană?

Prima poruncitoare îmi indică
    „Să încep îndată,"
A doua, mai duioasă, speră
    „Că nu va fi aberantă!"
În timp ce a treia întrerupe povestea
    Nu mai mult de pe minut o dată.

Repede, se aşternu deodată tăcerea,
    Ele imaginându-şi că urmăresc
Copilul visător plimbându-se printr-un tărâm
    Unde minuni sălbatice şi noi sălăşluiesc,
Iar păsările şi animalele vorbesc prieteneşte—
    Aproape crezând că totul e firesc.

Și povestea așa de tare
    Izvoarele imaginației a secat
Că povestitorul slăbit în van
    Să continue mai târziu le-a rugat
„Restul data viitoare—” „Dar e data viitoare!”
    Fericitele voci au strigat.

Așa a apărut povestea Țării minunilor
    Așa încet, am discutat
Pe rând, evenimente curioase—
    Și acum că povestea s-a terminat
Cu soarele la asfințit
    Spre casă voioși ne-am îndreptat.

Alice! Ia povestea asta pentru copii
    Și, cu mâinile tale alese,
Așaz-o pe a memoriei fâșie misterioasă
    Acolo unde visul copilăriei se țese,
Ca și cum ai așeza a călătorului cunună de flori,
    De pe un tărâm îndepărtat culese.

<h1 style="text-align:center">CAPITOLUL I</h1>

În vizuina iepurelui

Alice începuse să se sature să stea pe bancă lângă sora ei și să nu facă nimic. Trase ea cu ochiul o dată de două ori la cartea pe care sora ei o citea, dar nu avea nici poze, nici conversații. „La ce e bună o carte," se gândi Alice, „dacă nu are nici poze, nici conversații?"

Astfel că se gândea ea singurică (atât cât putea, căci căldura o făcea foarte adormită și zăpăcită), dacă plăcerea de a face un lanț din margarete merită osteneala de a se ridica și culege margaretele, când, deodată, pe lângă ea, trecu alergând un Iepure Alb cu ochii roz.

Nu era nimic chiar așa de incredibil în ce se întâmplase. Nici nu apucă Alice să se gândească foarte bine la asta, când îl auzi pe Iepure spunându-și „Vai de mine și de mine! Voi întârzia prea mult!" (când se gândi mai târziu din nou la asta, își dădu seama că sigur se mirase de așa ceva, dar atunci pe moment, totul i se păru firesc). Însă, când Iepurele își scoase ceasul din buzunarul vestei și se uită la el, și apoi se grăbi, Alice se ridică în picioare, dându-și brusc seama că nu văzuse niciodată până atunci un iepure cu o vestă cu buzunare sau cu un ceas pe care să-l scoată din aceasta. Murind de curiozitate, alergă pe câmp după el, ajungând la fix pentru a-l vedea cum coboară într-o vizuină mare de sub gardul viu.

În următorul moment, coborî şi Alice după el, fără să se gândească măcar o clipă cum Dumnezeu va mai ieşi de acolo.

Pe o porţiune, vizuina Iepurelui era dreaptă ca un tunel, apoi cobora deodată, aşa de brusc încât Alice nu avuse niciun moment timp să se gândească a se opri înainte să-şi dea seama că alunecă în jos pe ceva ce părea un puţ foarte adânc.

Fie puţul era foarte adânc, fie Alice cădea foarte încet, căci avu timp din plin, în timp ce cădea, să se uite în jur şi să se întrebe ce avea să urmeze. Mai întâi, încercă să se uite în jos şi să distingă încotro se îndrepta, dar era prea întuneric pentru a vedea ceva. Apoi, se uită într-o parte şi în alta şi văzu că era plin de dulapuri şi rafturi de cărţi. Ici şi colo, văzu hărţi şi poze atârnate în cuie. Alice luă un borcan de pe unul din rafturi, în timp ce trecu pe lângă el, pe care scria „MARMELADĂ DE PORTOCALE". Însă, spre marea ei dezamăgire, acesta era gol. Nu dorea să arunce borcanul de frică să nu omoare pe cineva dedesubt, aşa că reuşi să-l pună într-unul din dulapuri când trecu pe lângă el în cădere.

„Ei bine!" se gândi Alice. „După o astfel de cădere, ce să mai zici de împiedicatul pe scări? Acesta mi se va părea ceva normal! Cât de curajoasă mă vor vedea cei de acasă! Ei bine, nu aş spune nimic despre asta, nici dacă aş cădea de pe casă!" (Ceea ce era foarte probabil adevărat.)

În jos, în jos, în jos. Se va termina oare vreodată căderea? „Mă întrebam oare câţi metri am căzut până acum?" spuse ea cu voce tare. „Cred că mă îndrept către undeva aproape de centrul pământului. Hai să vedem: asta ar fi la şase mii de metri în jos, cred—" (căci, vezi, Alice a învăţat câteva lucruri de genul ăsta la şcoală şi, chiar dacă nu era un bun moment să arate ce ştie, căci nu o asculta nimeni, era totuşi un bun exerciţiu să spună cu voce tare) „—da, cam asta e distanţa corectă—dar, apoi, mă întreb la ce latitudine şi longitudine am ajuns?" (Alice habar nu avea ce era aia latitudine sau longitudine, dar i se păru că erau cuvinte măreţe numai bune de spus.)

Puţin după, Alice începu din nou. „Mă întreb dacă voi cădea direct prin pământ! Ce amuzant va fi să ies printre oamenii care merg cu capul în jos! Antipatii, cred—" (era mai degrabă bucuroasă că, de data aceasta, nu o asculta nimeni, căci nu părea deloc cuvântul potrivit) „—dar, ştii, va trebui să îi întreb care e numele ţării. Vă rog, doamnă, ne aflăm în Noua Zeelandă? Sau în Australia?" (şi încerca să facă o reverenţă în timp ce vorbea—imaginează-ţi, să faci o reverenţă în timp ce cazi în gol! Crezi că te-ai descurca?) „Şi ce fetiţă neştiutoare mă vor considera că am întrebat asta! Nu, nu se cade să întreb asta; poate voi vedea scris pe undeva.”

În jos, în jos, în jos. Nu mai era nimic de făcut, aşa că Alice începu în curând să vorbească din nou. „Cred că Dina îmi va duce dorul tare mult diseară!” (Dina era pisica.) „Sper că îşi vor aminti de castronul ei cu lapte la ora ceaiului. Dina, draga mea! Mi-aş dori să fii aici jos cu mine! Nu sunt şoareci în aer, din păcate, dar s-ar putea să prinzi un liliac, şi, ştii, acesta seamănă foarte mult cu un şoarece. Dar mă întreb, oare pisicile mănâncă lilieci?”. Lui Alice începu să îi fie somn şi continua să îşi spună, într-un fel aşa visător, „Oare pisicile mănâncă lilieci? Oare pisicile mănâncă lilieci?” şi câteodată „Oare liliecii mănâncă pisici?”, căci, vezi, cum nu putea răspunde la niciuna dintre întrebări, nu prea conta cum punea întrebarea. Simţea că o ia somnul şi tocmai începuse să viseze că mergea de mână cu Dina şi îi spunea, foarte sincer, „Ei bine, Dina, spune-mi adevărul, ai mâncat vreodată un liliac?”, când deodată bum! bum! căzu pe un morman de beţe şi frunze şi se opri din cădere.

Alice nu era deloc rănită şi sări în picioare imediat. Se uită în sus, dar era întuneric. În faţa ei, era un alt pasaj lung, iar Iepurele Alb se vedea în apropiere, grăbindu-se. Nu era niciun moment de pierdut. Alice o luase în faţă ca vântul şi ajunse tocmai la timp pentru a-l auzi spunând, în timp ce lua colţul, „Ah, pe urechile şi mustăţile mele, cât e de târziu!” Alice era chiar în spatele lui, dar, când luă şi ea colţul, Iepurele dispăruse. Văzu doar un coridor lung şi jos, luminat de un şir de lămpi atârnate de tavan.

De-a lungul coridorului erau uşi, dar toate încuiate. După ce Alice se duse în susul şi-n josul coridorului, încercând fiecare uşă, se îndreptă tristă spre mijloc, întrebându-se cum va mai ieşi vreodată de aici.

Deodată, văzu o măsuţă cu trei picioare, din sticlă masivă. Pe ea nu era nimic decât o cheie mică de aur. Prima idee a lui Alice era că aceasta putea deschide una dintre uşile de pe coridor. Dar, vai! fie încuietorile erau prea mari, fie cheia era prea mică, şi, în orice caz, nu deschidea niciuna din ele. Totuşi, la al doilea tur, găsi o draperie joasă pe care nu o mai văzuse înainte şi, în spatele ei, o uşă mică de vreo patruzeci de centimetri. Încercă cheia mică de aur în încuietoare şi, spre încântarea ei, se potrivi!

Alice deschise uşa şi văzu că duce spre un mic pasaj, nu mai mare decât o gaură de şoarece. Îngenunche şi se uită prin pasaj la cea mai frumoasă grădină pe care o văzuse vreodată. Cât de mult îşi dorea să iasă din acel coridor întunecat şi să se plimbe prin acele paturi de flori colorate şi acele fântâni răcoroase, dar nu putea să-şi treacă nici măcar capul prin uşă; „şi chiar dacă mi-ar trece capul," gândi săraca Alice,

„nu ar fi de mare folos fără umeri. Ah, cum mi-ar plăcea să mă pot strânge ca un telescop! Cred că aș putea, dacă aș ști cum să încep." Căci, vezi, atât de multe lucruri neobișnuite s-au întâmplat în ultimul timp, încât Alice începuse să se gândească că foarte puține lucruri erau într-adevăr imposibile.

Nu părea să aibă niciun rost să aștepte lângă ușă, așa că se întorsese la masă, sperând oarecum să găsească o altă cheie, sau, în orice caz, o carte cu reguli despre cum să te strângi ca un telescop. De data aceasta, găsi o sticluță („care cu siguranță nu fusese aici înainte," spuse Alice), și, legată de gâtul ei, era o etichetă de hârtie pe care scria frumos cu litere mari „BEA-MĂ".

Era foarte bine că scria „Bea-mă", dar micuţa deşteaptă nu avea să facă asta în grabă. „Nu, mă voi uita înainte," spuse ea, „să văd dacă scrie *otravă* sau nu"; căci citise câteva povestioare drăguţe despre copii care s-au ars şi au fost mâncaţi de fiare sălbatice, şi alte lucruri neplăcute, totul fiindcă nu şi-au amintit regulile simple pe care prietenii lor i-au învăţat, precum că vătraiul înroşit te va arde dacă îl ţii prea mult şi că dacă îţi tai degetul foarte adânc cu un cuţit, de obicei acesta sângerează şi că dacă bei mult dintr-o sticlă pe care scrie „otravă", este aproape sigur că nu îţi va pica bine, mai devreme sau mai târziu.

Totuşi, pe această sticlă nu scria „otravă", aşa că Alice îndrăzni să guste din ea, şi, părându-i-se foarte bună (avea, de fapt, un fel de gust combinat de tartă cu cireşe, cremă din ouă şi lapte, ananas, curcan prăjit, caramele şi pâine prăjită fierbinte cu unt), o terminase destul de repede.

„Ce sentiment curios!" spuse Alice. „Cred ca mă strâng ca un telescop!"

Aşa şi era. Acum, avea doar douăzeci de centimetri, iar faţa ei se lumină la gândul că avea acum statura potrivită pentru a trece prin uşă în grădina frumoasă. Prima dată, totuşi, aşteptă câteva minute să vadă dacă se va mai micşora şi mai mult. Era puţin agitată în legătură cu asta, „căci se putea termina, ştii," îşi spuse Alice, „cu dispariţia mea totală, ca o lumânare. Mă întreb cum aş fi atunci?" Şi încercă să îşi imagineze cum arată flacăra unei lumânări după ce lumânarea s-a stins, pentru că nu îşi putea aminti să fi văzut vreodată aşa ceva.

După o vreme, văzând că nu se mai întâmplă nimic, hotărî să meargă în grădină de îndată. Dar, vai, săraca Alice! Când ajunse la ușă, își dădu seama că uitase cheia de aur și, când se duse înapoi la masă, descoperise că nu avea cum să mai ajungă la ea. Putea să o vadă destul de bine prin sticlă. Încercă din răsputeri să se cațăre pe unul dintre picioarele mesei, dar aluneca prea tare. Când obosi de atâta încercat, sărăcuța se așeză și plânse.

„Haide, nu are niciun rost să plângi așa!" își spuse Alice destul de tăios. „Te sfătuiesc să încetezi în acest moment!" De obicei, își dădea sfaturi bune (deși le urma foarte rar) și, câteodată, se certa atât de tare încât îi venea să plângă. Își aminti că o dată încercase să-și lovească propriile urechi pentru că trișase la o partidă de croquet pe care o jucase împotriva sa, căci acestui copil curios îi plăcea foarte mult să se prefacă că este două persoane. „Dar nu are niciun rost acum," gândi săraca Alice, „să mă prefac că sunt două persoane! Eh! Abia a mai rămas suficient din mine pentru o persoană respectabilă!"

Curând, ochii îi căzură pe o cutiuță de sticlă ce se găsea sub masă. O deschise și găsise în ea o prăjiturică foarte mică, pe care erau frumos scrise cu stafide cuvintele „MĂNÂNCĂ-MĂ". „Ei bine, am să o mănânc," spuse Alice, „și dacă mă face mai mare, pot ajunge la cheie; și dacă mă face mai mică, pot să mă târăsc pe sub ușă; așa că în ambele variante voi ajunge în grădină, și nu mă interesează care dintre ele se întâmplă!"

Mâncă puțin și își spuse cu nervozitate „Cresc sau descresc? Cresc sau descresc?" ținându-și mâna pe cap pentru a simți în ce direcție se mișcă. Fu destul de uimită să vadă că rămase de aceeași statură. De fapt, asta se întâmplă de obicei când cineva mănâncă prăjitură, dar, Alice se obișnuise să se aștepte la lucruri nefirești, astfel încât părea chiar plictisitor şi stupid ca viaţa să continue într-un fel obişnuit.

Aşa că se puse pe treabă şi foarte repede termină prăjitura.

CAPITOLUL II

Balta de lacrimi

„Din ce în ce mai cuidat!" strigă Alice (era atât de mirată, că, pentru un moment, uitase cu totul cum să vorbească corect). „Acum mă lungesc ca şi cel mai mare telescop care a existat vreodată! La revedere, piciorule!" (când se uită în jos la picioarele sale, acestea păreau că sunt aproape în afara spectrului vizual; se duceau tot mai departe.) „Ah, săracele picioruşele mele, mă întreb, dragilor, cine vă va pune acum pantofii şi ciorapii? Sunt sigură că eu nu voi putea! Voi fi mult prea departe ca să mă mai preocup de voi. Trebuie să vă descurcaţi cum puteţi mai bine—dar trebuie să fiu bună cu ele," se gândi Alice, „sau poate nu vor merge în direcţia în care voi dori să merg! Stai să mă gândesc. Le voi da o pereche nouă de cizme de fiecare Crăciun."

Şi continuă să se gândească cum o să se descurce. „Trebuie să meargă prin curier," se gândi; „şi cât de distractiv va arăta să îţi trimiţi cadouri propriilor picioare! Şi cât de ciudate vor arăta adresele!

Dlui. Picior Drept al lui Alice,
Covor,
Lângă Grilajul Şemineului,
(cu dragoste, Alice).

Vai de mine, ce prostii vorbesc!"

Tocmai în acest moment, capul ei lovi tavanul coridorului. Într-adevăr, acum, era mai înaltă de doi metri şi ceva, şi numaidecât luă cheiţa de aur şi se grăbi înspre uşa grădinii.

Săraca Alice! Tot ce putea face era, întinsă pe o parte, să se uite în grădină cu un ochi. Să treacă, în schimb, era mai puţin posibil decât niciodată. Se aşeză şi începu să plângă din nou.

„Ar trebui să îţi fie ruşine," spuse Alice, „o fată aşa mare ca tine," (asta pe bună dreptate), „să plângă în aşa hal! Opreşte-te imediat, îţi spun!" Dar continuă aşa, vărsând litri de lacrimi, până când în jurul ei se formă o baltă mare, cam zece centimetri de adâncă, ce ajungea până la jumătatea zidului.

După un timp, auzi un zgomot uşor de paşi în depărtare şi îşi şterse ochii în grabă ca să vadă cine vine. Era Iepurele Alb care se întorcea, îmbrăcat foarte elegant, cu o pereche de mănuşi albe fine într-o mână şi un evantai mare în cealaltă. Venea repede şi cu paşi mărunți, murmurându-şi, „Ah! Ducesa, Ducesa! Ah! Nu va fi ea oare nervoasă dacă o fac să mă aştepte?" Alice era aşa de disperată că era gata să ceară ajutor oricui. Astfel că, atunci când Iepurele trecu pe lângă ea, începu, pe o voce joasă şi timidă, „Dacă nu vă supărați, domnule,—" Iepurele tresări brusc, scăpă mănuşile albe fine şi evantaiul şi fugi cât de repede putu în întuneric.

Alice luă evantaiul şi mânuşile, şi, cum pe coridor era foarte cald, îşi făcu vânt cu evantaiul în timp ce vorbea. „Vai de mine şi de mine! Cât de ciudat este totul astăzi! Şi ieri lucrurile s-au desfăşurat ca de obicei. Mă întreb dacă m-am schimbat noaptea? Stai să mă gândesc: eram aceeaşi când m-am trezit azi-dimineaţă? Aproape cred că îmi aduc aminte că mă simţeam puţin diferită. Dar, dacă nu sunt aceeaşi, următoarea întrebare este «Cine sunt oare?» Ah, acesta este marele mister!" Şi începu să se gândească la toţi copiii de vârsta ei pe care îi cunoştea, să vadă dacă nu putu fi schimbată cu vreunul dintre ei.

„Sunt sigură că nu sunt Ada," spuse ea, „căci părul ei are bucle mari, iar al meu nu are bucle deloc. Sunt sigură că nu pot fi Mabel, căci ştiu tot felul de lucruri, şi ea, ah, ea ştie foarte puţine! În plus, ea e ea, şi eu sunt eu, şi—vai de mine, cât de neclar este totul! Voi încerca să văd dacă ştiu toate lucrurile pe care le ştiam. Stai să văd: patru ori cinci e doisprezece, şi patru ori şase e treisprezece, şi patru ori şapte e—vai de mine! Nu voi ajunge niciodată la douăzeci în ritmul ăsta! Totuşi, tabla înmulţirii nu indică nimic. Haide să încerc geografia. Londra este capitala Parisului, şi Parisul este capitala Romei, şi Roma—nu, totul e greşit, sunt sigură! Trebuie să fi fost schimbată cu Mabel! Voi încerca să spun «Cum de e micul—»" Îşi încrucişă mâinile în poală, ca şi cum ar fi spus lecţii, şi începu să recite, dar vocea ei suna răguşită şi ciudată, şi cuvintele erau greşite:—

> *„Cum de e micul corp al crocodilului*
> *De fiecare dată strălucitor?*
> *El îşi dă cu apele Nilului*
> *Pe fiecare solz lucitor!*

> *Cât de bucuros zâmbeşte,*
> *Când îşi deschide ghearele meticuloase*
> *Şi cum pe micii peşti îi primeşte*
> *Cu fălcile sale voioase!"*

„Sunt sigură că sunt greşite cuvintele," spuse săraca Alice şi ochii i se umplură din nou de lacrimi în timp ce continua, „În cele din urmă, trebuie să fiu Mabel şi va trebui să merg să locuiesc în casa aia mică şi să nu am aproape deloc jucării cu care să mă joc, şi ah, să am multe teme de făcut! Nu, m-am hotărât. Dacă sunt Mabel, voi rămâne aici jos! Fără rost ai mei îşi vor băga capul în vizuină, spunând «Vino din nou sus, drago!» Doar mă voi uita în sus şi voi spune «Totuşi, cine sunt eu? Spuneţi-mi asta înainte, şi apoi, dacă îmi place să fiu acea persoană, voi urca, dacă nu, voi sta aici jos până ce voi fi altcineva»—dar, vai de mine!" ţipă Alice, izbucnind în plâns. „Chiar îmi doresc să îşi bage ai mei capul în vizuină! M-am săturat să fiu singură singurică aici!"

Cum spuse asta, se uită în jos la mâini şi fu mirată să vadă că, în timp ce vorbea, pusese mâna pe una dintre micile mănuşi albe fine ale Iepurelui. „Cum am putut face asta?" se gândi. „Sigur devin mică din nou." Se ridică şi se duse la masă ca să se măsoare pe lângă ea şi descoperi, atât pe cât putea aproxima, că avea acum jumătate de metru şi continua să se facă tot mai mică în ritm rapid. Repede, îşi dădu seama că de vină era evantaiul pe care îl ţinea, căruia îi dădu drumul în grabă, tocmai la timp să se salveze din a se micşora de tot.

„Am scăpat ca prin urechile acului!" spuse Alice, destul de speriată de schimbarea bruscă, dar şi foarte fericită că era încă în viaţă. „Şi acum, înspre grădină!" Şi fugi în mare viteză înapoi la uşă. Dar, vai! Uşa era din nou încuiată şi cheia de aur stătea pe masa din sticlă ca şi mai devreme, „şi lucrurile sunt mai rău ca niciodată," gândi săraca copilă, „căci nu am fost niciodată aşa de mică ca şi acum, niciodată! Şi mărturisesc că este prea de tot, serios, prea de tot!"

Cum spuse asta piciorul îi alunecă şi, în următoarea clipă, pleosc! era până la bărbie în apă sărată. Primul gând fu că a căzut cumva în mare, „şi în cazul acesta mă pot întoarce acasă cu trenul," își spuse. (Alice fusese la mare o dată în viața ei și ajunsese la concluzia generală că, oriunde te duci pe coastă, găsești un număr de mașini de scăldat, câțiva copii săpând în nisip cu cazmale de lemn, apoi un rând de case cu camere de închiriat, și în spatele lor, gara.) Totuși, își dădu repede seama că se afla în balta de lacrimi pe care le-a vărsat când era înaltă de doi metri și ceva.

„De nu aș fi plâns atât!" spuse Alice, în timp ce înota, încercând să iasă din baltă. „Presupun că voi fi pedepsită pentru asta acum, înecându-mă în propriile lacrimi! Sigur, ar fi un lucru ciudat! Cu toate că totul este ciudat astăzi."

În momentul acela, auzi ceva împroșcând în baltă puțin mai departe de ea și înotă mai aproape să vadă ce este. La început, crezu că este o morsă sau un hipopotam, dar apoi își aduse aminte cât de mică era acum și repede își dădu seama că era doar un șoarece, care alunecase la fel ca și ea.

„Ar fi oare de vreun folos acum," se gândi Alice, „să vorbesc cu acest șoarece? Totul este atât de nelalocul lui aici jos, încât cred mai mult ca sigur că poate vorbi. Oricum, nu e niciun rău în a încerca." Astfel că începu: „O, Șoarece, știi cum să ies din această baltă? Sunt foarte obosită să înot pe aici, O, Șoarece!" (Alice gândi că ăsta ar trebui să fie felul în care să te adresezi unui șoarece. Nu mai făcuse așa ceva până acum, dar își aduse aminte că a văzut în gramatica limbii latine a fratelui său, „Un șoarece—al unui șoarece—unui șoarece—un șoarece—O, șoarece!") Șoarecele se uită la ea destul de curios și i se păru că îi făcu cu unul dintre ochii lui mici, dar nu spuse nimic.

„Poate nu înțelege limba mea," gândi Alice, „Îndrăznesc să spun că este un șoarece francez, a venit o dată cu William Cuceritorul." (Căci, cu toate cunoștințele sale de istorie, Alice nu avea o noțiune clară când se întâmplaseră lucrurile.) Așa că începu din nou: „Où est ma chatte?" care era prima propoziție din cartea ei de franceză. Șoarecele sări brusc din apă și părea că tremură tot de frică. „Ah, îmi cer scuze!" strigă Alice în grabă, temându-se că i-a rănit sentimentele săracului animal. „Chiar uitasem că nu îți plac pisicile."

„Nu îmi plac pisicile!" strigă Șoarecele tare mânios. „Ție ți-ar plăcea pisicile, dacă ai fi în locul meu?"

„Ei bine, probabil că nu," spuse Alice pe un ton liniștitor: „nu fii supărat pe asta. Și totuși mi-aș dori să ți-o pot arăta pe pisica noastră Dina. Cred că ți-ar plăcea pisicile, dacă ai putea să o vezi. Este așa de drăguță și tăcută," Alice continuă, jumătate pentru ea, în timp ce înota leneș în baltă, „și stă lângă foc, torcând așa de frumos, lingându-și labele și spălându-și fața—și este așa de moale când o ții în brațe—și este atât de bună la prins șoareci—ah, scuză-mă!" strigă Alice din nou, căci de data aceasta Șoarecele se zburli cu totul și era sigură că îl jignise. „Nu vom mai vorbi despre ea, dacă nu dorești."

„Noi, într-adevăr!" strigă Șoarecele, care tremura până în vârful cozii. „De parcă aș vorbi despre așa ceva! Familia noastră a urât întotdeauna pisicile: nesuferite, josnice, vulgare! Să nu mai aud de ele vreodată!"

„Serios, nu voi mai vorbi despre asta!" spuse Alice, grăbită să schimbe subiectul. „Îţi—Îţi plac—plac—câinii?" Şoarecele nu răspunse, aşa că Alice continuă cu entuziasm: „Lângă casa noastră, trăieşte un câine mic atât de drăguţ, mi-ar plăcea să ţi-l arăt! Un foxterier cu ochi luminoşi, ştii, cu, ah, cu păr aşa de maro şi de creţ! Şi îţi aduce lucrurile când i le arunci şi se ridică în patru labe şi îţi cere cina şi tot felul de lucruri—nu îmi aduc aminte nici jumătate din ele— şi e al unui fermier, ştii, şi el zice că e aşa de folositor, face toţi bani! El zice că omoară toţi şoarecii şi—ah, vai de mine!" strigă Alice cu o voce tristă. „Mi-e teamă că l-am jignit din nou!" Căci Şoarecele înota departe de ea pe cât de repede putea, mişcând apele bălţii în timp ce se depărta.

Aşa că Alice îi strigă încet, „Şoarece, dragule! Haide, întoarce-te şi nu vom mai vorbi despre pisici sau câini, dacă nu îţi plac!" Când Şoarecele auzi asta, se întoarse şi înotă încet înapoi la ea, având faţa destul de palidă (de ciudă, credea Alice). Vorbi pe o voce joasă şi tremurândă, „Haide să mergem la mal şi îţi voi spune povestea mea şi vei înţelege de ce urăsc pisicile şi câinii."

Era timpul să plece, căci balta era tot mai plină cu păsările și animalele care căzuseră în ea: o Rață, un Dodo, un Papagal și un Vultur, plus alte făpturi curioase. Alice o luă în față și toată adunarea înotă după ea către mal.

CAPITOLUL III

Cursa inutilă și povestea lungă

Pe mal, se constitui într-adevăr o adunare ciudată— păsările cu penele murdare, animalele cu blana lipită de ele, și toți uzi leoarcă, iritați și incomozi.

Prima întrebare era, desigur, cum să se usuce. Avură o discuție pe tema asta, și, după câteva minute, i se păru destul de normal lui Alice să vorbească cu familiaritate cu ei, ca și cum i-ar fi cunoscut de toată viața. Într-adevăr, se certase destul de mult cu Papagalul, care, până la urmă, se bosumflă, și spuse doar „Sunt mai în vârstă decât tine, și, drept urmare, știu mai bine.” Cu asta Alice nu era de acord, până când nu i-ar fi spus ce vârsta avea, și, cum Papagalul refuză categoric să își spună vârsta, nu mai era nimic de adăugat.

În cele din urmă, Șoarecele, care părea să fie important printre ei, strigă „Stați jos, cu toții, și ascultați-mă! O să fac să fiți uscați cât de curând!” Toți luaseră loc de îndată, într-un cerc uriaș, cu Șoarecele la mijloc. Alice se uită nerăbdătoare la el, căci era sigură ca va răci tare dacă nu se usucă destul de repede.

„Hm, hm!" spuse Şoarecele cu un aer important. „Sunteţi gata cu toţii? Ăsta este lucrul cel mai uscat pe care îl ştiu. Linişte, vă rog! «Lui William Cuceritorul, a cărui cauză era acceptată de Papă, i s-au supus curând englezii, care voiau să aibă lideri, şi fuseseră în ultimul timp foarte obişnuiţi cu uzurparea şi cucerirea. Edwin şi Morcar, conţii de Mercia şi Northumbria—»"

„Îu!" spuse Papagalul, cu un tremurat.

„Pardon!" spuse Şoarecele, încruntându-se, dar foarte politicos. „Ai spus ceva?"

„Eu nu!" spuse Papagalul, în grabă.

„Am crezut că ai spus," spuse Şoarecele. „Continui. «Edwin şi Morcar, conţii de Mercia şi Northumbria, au recunoscut public că îl susţin. Chiar şi Stigand, arhiepiscopul patriot de Canterbury, găsi de cuviinţă—»"

„Găsi ce?" spuse Raţa.

„Găsi *chestia*," răspunse Șoarecele destul de arțăgos: „desigur, știi ce înseamnă «chestia»."

„Știu ce înseamnă «chestia» destul de bine, când găsesc o chestie," spuse Rața. „Chestia este de obicei o broască sau un vierme. Întrebarea este, ce găsi arhiepiscopul?"

Șoarecele nu băgă de seamă această întrebare, ci continuă grăbit, „«—găsi de cuviință să meargă cu Edgar Atheling să-l întâlnească pe William și să îi ofere coroana. Cârmuirea sa a fost la început moderată. Dar insolența normanzilor lui—» Cum ești, draga mea?" continuă, întorcându-se spre Alice în timp ce vorbea.

„La fel de udă," spuse Alice pe un ton melancolic: „nu pare să mă usuce deloc."

„În acest caz" spuse Dodo solemn, ridicându-se în picioare, „propun ca ședința să se suspende, pentru adoptarea imediată a unor remedii mai energice—"

„Vorbește clar, pe limba mea!" spuse Vulturul. „Nu știu ce înseamnă jumătate din acele cuvinte lungi, și, în plus, cred că nici tu nu știi!" Și Vulturul își aplecă capul ca să ascundă un zâmbet. Câteva dintre celelalte păsări chicotiră răspicat.

„Ce urma să spun," spuse Dodo pe un ton ofensat, „că cel mai bun lucru ca să ne uscăm ar fi o cursă întrecere."

„Ce e aia o cursă întrecere?" spuse Alice. Nu că voia să știe neapărat, dar Dodo făcuse o pauză ca și cum *cineva* trebuia să vorbească, și nimeni altcineva nu părea dornic să spună ceva.

„Păi," spuse Dodo, „cea mai bună metodă de a explica este să o faci." (Și, poate că vrei să încerci și tu, într-o zi de iarnă, așa că o să îți povestesc cum a făcut Dodoo.)

Prima dată marcă traseul cursei, într-un fel de cerc („forma exactă nu contează," a spus), și apoi toată adunătura fu poziționată ici și colo de-a lungul acestuia. Nu fusese niciun „Pe locuri, fiți gata, start!", ci fiecare începu să alerge când dori, și se opri când dori, astfel că nu fu ușor de știut când se termină cursa. Totuşi, după ce toţi fugiră cam jumătate de oră şi erau din nou uscaţi bine, Dodo strigă dintr-o dată „Gata! S-a încheiat cursa!" Se îngrămădiră în jurul lui, gâfâind şi întrebând „Dar cine a câştigat?"

Dodo nu putu să răspundă la această întrebare fără să se gândească serios, astfel că stătu o vreme bună cu un deget apăsat pe frunte (poziţia în care îl vezi de obicei pe Shakespeare în poze), în timp ce ceilalţi aşteptau în linişte. În cele din urmă, Dodo spuse „Au câştigat *toţi* şi *toţi* trebuie să fie premiaţi."

„Dar cine dă premiile?" întrebară numeroase voci în cor.

„Păi, *ea*, desigur," spuse Dodo, arătând către Alice cu un deget. Toată adunarea se îngrămădi deodată în jurul ei, strigând neclar, „Premii! Premii!"

Alice nu ştiu ce să facă şi, cu disperare, îşi băgă mâna în buzunar şi scoase o cutie de fructe confiate (din fericire apa sărată nu ajunse la ele) pe care le împărţi în jur ca şi premii. Avu exact o bucată pentru fiecare din jur.

„Dar, ştii, trebuie să aibă şi ea un premiu," spuse Şoarecele.

„Desigur," răspunse Dodo foarte serios. „Ce altceva mai ai în buzunar?" continuă, întorcându-se către Alice.

„Doar un degetar," spuse tristă Alice.

„Dă-l încoace," spuse Dodo.

Apoi, toţi se îngrămădiră din nou în jurul ei, în timp ce Dodo prezentă solemn degetarul, spunând „Te rugăm să accepţi acest elegant degetar". Când termină de spus asta, toţi aclamară.

Alice consideră totul foarte absurd, dar toţi păreau aşa de serioşi încât nu îndrăzni să râdă. Cum nu ştiu ce ar putea spune, făcu pur şi simplu o plecăciune şi luă degetarul, cât de solemn posibil.

Următorul lucru a fost mâncarea fructelor confiate. Aceasta a dus la ceva gălăgie şi confuzie, păsările mari plângânduse că nu le puteau gusta, iar cele mici înecându-se, trebuind a fi bătute pe spate. Totuşi, într-un sfârşit, terminară şi se aşezară din nou în cerc. Îl rugară pe Şoarece să le mai spună ceva.

„Ştii, mi-ai promis că îmi spui povestea ta," spuse Alice, „şi de ce urăşti—P şi C," adăugă în şoaptă, puţin speriată să nu se supere din nou.

„E una lungă şi tristă!" spuse Şoarecele oftând, întorcându-se către Alice şi uitându-se la coada sa.

Crezând iniţial că vorbeşte despre coadă, Alice se uită cu mirare la aceasta şi spuse „Lungă, într-adevăr, dar de ce tristă?" Încercă să desluşească dacă se referă totuşi la poveste, în timp ce Şoarecele vorbea. Astfel că, în mintea ei, povestea suna cam aşa:—

„Șoarecelui
Grivei îi
spuse, Când
în casă îl
întâlnise,
«Să mergem să
ne judecăm
îndată—
Nicidecum,
nu voi
accepta
Să-mi
refuzi
judecata.
Căci nu
va mai fi
o altă
dată.»
Șoarecele
răspunse
«Dragă,
astfel de
procese,
Sunt
iluzorii
fără
jude-
cător
și
jurii.»
Grivei
adăugă
cute-
zător
«Voi
fi și
juriu
și
jude-
cător.
Și
te
voi
con-
dam-
na
de
in-
jurii.»

„Nu mă urmărești!" îi spuse Șoarecele lui Alice, cu aspri-
me. „La ce te gândești?"

„Scuză-mă,” spuse Alice foarte umilă: „ești pe la strofa a cincea?”

„Nu sunt!” strigă Șoarecele, pe un ton tăios și supărat. „Așa ai notat?”

„S-a-nodat?” spuse Alice, uitându-se îngrijorată la coada Șoarecelui. Întotdeauna, gata să fie de folos, spuse „Ah, te rog, lasă-mă să te ajut să o deznozi!”

„Nici nu mă gândesc,” spuse Șoarecele, ridicându-se și îndepărtându-se. „Mă insulți vorbind numai aiureli!”

„Nu am vrut!” se scuză săraca Alice. „Dar, știi, te superi foarte repede!”

Șoarecele răspunse doar printr-un mârâit.

„Te rog, întoarce-te și termină-ți povestea!” strigă Alice după el. Și toți ceilalți strigară la unison „Da, haide, te rog!” Dar Șoarecele doar dădu din cap nervos și își grăbi pasul.

„Ce păcat că nu a rămas!” oftă Papagalul, de îndată ce nu se mai vedea. Un Crab în vârstă profită de oportunitate și îi spuse fiului său „Ah, dragul meu! Să fie asta o lecție pentru tine ca să nu îți pierzi niciodată cumpătul!”

„Ai grijă ce spui, Tati!” spuse tânărul Crab, puțin iritat. „Cu tine, și cel mai cumpătat își poate pierde cumpătul!”

„De ar fi fost Dina aici, de ar fi fost!” spuse Alice cu voce tare, fără a se adresa cuiva în mod particular. „S-ar fi dus repede să-l aducă înapoi!”

„Și cine e Dina, dacă pot să întreb?” spuse Papagalul.

Alice răspunse nerăbdătoare, căci era mereu gata să vorbească despre animalul ei de companie: „Dina este pisica noastră. Nici nu-ți închipui cât este de bună la prins șoareci! Și, ah, de ai vedea-o cum sare după păsări! Păi, mănâncă o pasăre imediat ce o vede!”

Aceste cuvinte făcură vâlvă mare în rândul adunării. Unele păsări se grăbiră să plece. O coțofană în vârstă se înfofoli cu grijă, remarcând „Chiar trebuie să merg acasă, aerul de noapte nu îmi face bine la gât!” Un Canar strigă cu o voce tremurândă, copiilor săi, „Haideți să mergem, dragii mei! E timpul să mergeți la culcare!" Apelând la diferite pretexte, plecară cu toții, iar Alice rămase repede singură.

„De n-aș fi pomenit-o pe Dina!" își spuse pe un ton melancolic. „Se pare că nu îi place nimănui de ea, aici jos, și sunt sigură că e cea mai bună pisică din lume! Ah, draga mea Dina! Mă întreb dacă te voi mai vedea vreodată!" Săraca Alice începu din nou să plângă, căci se simțea foarte singură și cu moralul la pământ. Totuși, la scurt timp după, auzi un zgomot de pași mărunți în depărtare și se uită nerăbdătoare, sperând oarecum că Șoarecele se răzgândise și se întoarse să își termine povestea.

CAPITOLUL IV

Iepurele trimite un Bilețel

Era Iepurele Alb cel care venea cu pași mărunți încet înapoi și se uita îngrijorat în jur, de parcă ar fi pierdut ceva, murmurând „Ducesa, Ducesa! Ah, dragile mele labe! Ah, blana și mustățile mele! Va pune să mă execute, la fel de sigur cum dihorii mănâncă iepuri! Unde aș fi putut să le scap, mă întreb?". Alice își dădu seama imediat că Iepurele căuta evantaiul și perechea de mănuși albe fine. Foarte bine intenționată începu să le caute și ea, dar nu erau de găsit niciunde—totul părea să se fi schimbat de când înotase în baltă. Marele coridor cu masa de sticlă și ușa mică dispăruseră de tot.

În curând, Iepurele o observă pe Alice în timp ce căuta și o strigă, pe un ton furios, „Hei, Mariana, tu ce faci aici? Fugi imediat acasă și adu-mi o pereche de mănuși și un evantai! În momentul ăsta! Repede!" Alice se sperie atât de tare încât fugi de îndată în direcția indicată, fără să încerce să-i explice că greșise persoana.

„M-a luat drept servitoarea sa," şi-a spus în timp ce fugea. „Ce surprins va fi când va afla cine sunt! Dar mai bine îi aduc evantaiul şi mănuşile—asta dacă le găsesc." În timp ce spunea asta, dădu peste o casă mică şi îngrijită, pe uşa căreia se afla o tăbliţă de bronz pe care era trecut numele „I. ALB". Intră fără să bată la uşă şi se grăbi pe scări ca nu care cumva să se întâlnească cu adevărata Mariana şi să fie dată afară din casă înainte să fi găsit evantaiul şi mânuşile.

„Ce ciudat pare," îşi spuse Alice, „să îndeplinesc comisioane pentru un iepure! Probabil că, în curând, şi Dina îmi va trasa comisioane." Începu să îşi imagineze cum ar fi. „«Domnişoara Alice! Vino aici imediat şi pregăteşte-te pentru plimbare!» «Vin imediat, dădaco! Dar trebuie să păzesc gaura asta de şoarece până se întoarce Dina şi să am grijă ca şoarecele să nu iasă.» Doar că nu cred," continuă Alice, „că cineva ar lăsa-o pe Dina să stea în casă dacă ar începe să dea ordine oamenilor!"

Între timp, intrase într-o cameră mică şi ordonată cu o masă la geam şi pe ea (după cum sperase) un evantai şi două sau trei perechi de mănuşi albe fine şi mici. Luă evantaiul şi o pereche de mănuşi şi fu pe punctul de a pleca din cameră când văzu o sticluţă lângă oglindă. De data aceasta, nu avea nicio etichetă pe care să scrie „BEA-MĂ", însă, totuşi, îi luă dopul şi o duse la gură. „Sunt sigură că se va întâmpla *ceva* interesant," îşi spuse, „ca de fiecare dată când mănânc sau beau ceva. Sper să cresc mare din nou, căci m-am săturat să fiu aşa de mică!"

Asta şi făcu, şi mult mai repede decât se aşteptă. Înainte să fi băut jumătate de sticlă, capul îi împingea tavanul şi se aplecă în faţă ca să nu îşi rupă gâtul. Puse în grabă sticla jos, spunându-şi „Ajunge—Sper să nu mai cresc—Deja nu mai pot ieşi pe uşă—De nu aş fi băut chiar aşa de mult!"

Vai! Era deja prea târziu! Continuă să crească şi crească şi, în curând, trebui să îngenuncheze pe podea. Apoi, deodată, nu mai era loc nici pentru asta și încercă să se întindă cu un cot în ușă și celălalt braț îndoit în jurul capului. Continuă să tot crească, și, ca ultimă soluție, își scoase o mână afară pe geam și un picior pe șemineu, și își spuse „Acum nu mai pot face nimic, orice s-ar întâmpla. Ce se va alege de mine?"

Din fericire pentru Alice, micuța sticlă magică își făcu efectul pe deplin și încetă să mai crească. Totuși, stătea foarte inconfortabil, și, cum nu mai părea să existe nicio șansă ca să poată ieși din cameră, nu e de mirare că era nefericită.

„Era mai plăcut acasă," gândi săraca Alice, „unde nu devii mai mare și mai mic și unde nu primești ordine de la șoareci și iepuri. Aproape că îmi doresc să nu fi coborât în vizuina iepurelui—și totuși—știi, e destul de interesant acest tip de viață! Chiar mă întreb ce mi s-a putut întâmpla! Când obișnuiam să citesc povești, îmi imaginam că acele lucruri nu s-au întâmplat vreodată, și, acum, iată-mă în toiul uneia! Trebuie să apară o carte despre mine, asta da! Și când voi fi mare, voi scrie una—dar acum sunt mare," adăugă pe un ton trist „cel puțin nu mai am loc să mai cresc *aici*."

„Dar atunci," se gândi Alice, „nu voi mai îmbătrâni? Ce ușurare, pe de-o parte—să nu fii niciodată bătrân—dar atunci—voi avea mereu lecții de învățat! Ah, nu, nu mi-ar plăcea!"

„Ah, prostuța de tine!" și-a răspuns. „Cum ai putea să înveți lecții aici? Păi, abia ai loc tu, darămite să mai încapă și vreo carte cu lecții!"

Și așa continuă Alice, când de-o părere, când de alta, făcând o conversație pe cinste din asta. Dar, după câteva minute, auzi o voce afară și se opri ca să asculte.

„Mariana! Mariana!" spuse vocea. „Adu-mi mănușile în acest moment!" Apoi urmară niște pași mărunți pe scări. Alice știa că era Iepurele care venea să o caute și tremură până ce se mișcă casa, uitând de-a binelea că acum era de o mie de ori mai mare decât Iepurele și că nu avea niciun motiv să îi fie frică de el.

La puțin timp după, Iepurele ajunse la ușă și încercă să o deschidă. Însă, nu putu, căci ușa se deschidea înăuntru și cotul lui Alice o împingea tare. Alice îl auzi spunându-și „Atunci voi merge roată și voi intra pe geam."

„Ba nu o vei face!" se gândi Alice, și după ce așteptă până i se păru că îl aude pe Iepure chiar sub geam, își întinse mâna și făcu o mișcare de a prinde ceva în aer. Nu prinse nimic, dar auzi un mic urlet, o căzătură și o bubuitură de sticlă spartă, de unde ajunse la concluzia că era posibil ca Iepurele să fi căzut pe o seră sau ceva de genul.

Imediat, se auzi o voce furioasă—a Iepurelui—„Ioane! Ioane! Ești aici?" Și apoi o voce pe care nu o mai auzise până atunci, „Desigur că sunt aici! Sap cartofii, domnul mieu!"

„Ei, sapi!" spuse Iepurele nervos. „Vino și ajută-mă să ies de aici!" (Sunete de alte sticle sparte.)

„Acum, zi-mi, Ioane, ce e aia în geam?"

„Desigur, e o brâncă, domnul mieu!"

„O mână, idiotule! Cine a mai văzut una așa de mare? Păi,
e cât tot geamul!"

„Desigur, așa e, domnul mieu. Dar, cu toate astea, e o
brâncă."

„Păi, în niciun caz, nu are ce căuta acolo. Du-te și ia-o de
acolo!"

Urmă o perioadă lungă de liniște și Alice putu auzi doar
șoapte din când în când, precum „Desigur, nu îmi place,
domnul mieu, deloc, deloc!" „Fă cum îți spun, lașule!" și în
cele din urmă își întinse mâna din nou și mai făcu o mișcare
de a prinde ceva în aer. De data asta, se auziră *două* mici
urlete și și mai multe sunete de sticlă spartă. „Câte sere
trebuie să fie!" se gândi Alice. „Mă întreb ce vor mai face! Că,
să mă tragă afară pe geam, chiar mi-aș dori să poată! Sunt

sigură că nu mai vreau să stau aici!"

Așteptă un timp fără să mai audă nimic. În cele din urmă, se auzi un bubuit de roți mici de trăsură și sunetul mai multor voci vorbind toate deodată. Desluși cuvintele: „Unde este cealaltă scară?—Păi, nu a trebuit să aduc decât una. Bilețel o are pe cealaltă—Bilețel! Adu-o aici, flăcăule!—Pune-le sus în acest colț!—Nu, prima dată, leagă-le împreună—încă nu ajung nici pe jumătate—Ah, se vor descurca destul de bine. Nu fii pretențios—Aici, Bilețel! Prinde funia asta—Va ține acoperișul?—Ai grijă la placa aia ce stă să cadă—Ah, cade! Aveți grijă la capete!" (Un bubuit puternic.) „Acum, cine a făcut asta?—Îmi imaginez că a fost Bilețel—Cine va coborî pe șemineu?—Nu, eu nu! Fă-o tu!—Nu voi face aia, atunci!—Bilețel trebuie să coboare—Aici, Bilețel! Stăpânul spune că tu trebuie să cobori pe șemineu!"

„Ah, deci Bilețel trebuie să coboare pe șemineu, nu-i așa?" își spuse Alice. „Păi, par că pun totul pe umerii lui Bilețel! Nu aș vrea să fiu pentru nimic în lume în locul lui. Acest șemineu e îngust, cu siguranță, dar pot să-l lovesc puțin cu piciorul!"

Își duse piciorul la șemineu cât de mult putu și așteptă până ce auzi un mic animal (nu putu să își dea seama de care) zgâriind și cățărându-se în șemineu aproape deasupra ei. Apoi, spunându-și „Asta e Bilețel,” dădu o lovitură puternică și așteptă să vadă ce urma să se întâmple.

Primul lucru ce-l auzi a fost „Iată-l pe Bilețel!” într-un glas comun, apoi doar vocea Iepurelui—„Prinde-l, tu cel de la margine!” apoi liniște și apoi iar o larmă de voci—„Ține-i capul sus—Coniac acum—Nu-l îneca—Cum a fost, prietene? Ce ți s-a întâmplat? Povestește-ne!”

În cele din urmă, se auzi o mică voce slăbită și ascuțită („Asta e Bilețel,” se gândi Alice), „Păi, nu prea știu—Nu mai vreau, îți mulțumesc; mă simt mai bine acum—dar sunt mult prea confuz ca să îți spun—tot ce știu e că deodată ceva ca un hopa-mitică m-a lovit brusc și am țâșnit în sus ca o rachetă!”

„Așa a și fost, prietene!” au spus ceilalți.

„Trebuie să ardem casa!” spuse Iepurele. Alice strigă, cât putu de tare, „Dacă faci asta, o asmut pe Dina pe tine!”

Deodată, o tăcere monumentală, ceea ce o făcu pe Alice să cugete „Mă întreb ce vor mai face! Dacă au puțină minte, vor lua jos acoperișul.” După un minut două, începură iar să se miște, Alice auzindu-l pe Iepure spunând „O roabă plină e suficient, pentru început.”

„O roabă plină cu *ce*?” se gândi Alice. Întrebarea își găsi răspunsul destul de curând, căci în următoare clipă, o avalanșă de pietricele mici zăngăniră în geam, iar unele o loviră în față. „Voi pune capăt acestei situații,” își spuse și strigă „Ar fi bine să nu mai faceți asta!”, strigăt ce provocă o nouă tăcere monumentală.

Alice își dădu seama, cu oarecare surprindere, că pietricele se transformau toate în prăjiturele atunci când ajungeau pe podea și, atunci, îi veni o idee strălucită. „Dacă mănânc una din aceste prăjituri,” se gândi, „sigur îmi va modifica cumva mărimea și, presupun că, din moment ce nu mă poate face mai mare, sigur mă va face mai mică."

Așa că înghiți una dintre prăjituri și se bucură să vadă că instant începu să se facă mai mică. Imediat ce fu suficient de mică să încapă pe ușă, fugi din casă afară, unde găsi o mulțime destul de mare de animale și păsări mici. Săracul micuțul gușter, Bilețel, era în mijloc, fiind ținut de doi porcușori de Guinea, care îi dădeau ceva să bea dintr-o sticlă. Toți se grăbiră către Alice, dar aceasta fugi cât de tare putu până ce ajunse într-un loc sigur într-o pădure deasă.

„Primul lucru pe care trebuie să-l fac," își spuse Alice, în timp ce hoinărea prin pădure, „e să revin la statura mea și al doilea e să reușesc să intru în acea grădină frumoasă. Cred că ăsta e cel mai bun plan."

Părea un plan excelent, fără îndoială: aranjat, foarte ordonat și simplu. Singura problemă era că nu avea nici cea mai vagă idee de unde să înceapă. În timp ce se uita nerăbdătoare printre copaci, un lătrat scurt și ascuțit deasupra capului o făcu să se uite în sus în mare grabă.

Un cățeluș uriaș se uita în jos la ea cu ochi mari rotunzi, întinzându-și ușor o labă, încercând să o atingă. „Dragul de el!" spuse Alice, pe un ton lingușitor, și încercă din răsputeri să fluiere la el. Era, însă, și foarte speriată de gândul că putea să îi fie foame, în acest caz fiind posibil să o mănânce în ciuda lingușirilor ei.

Fără să se gândească bine, Alice luă un băț și-l întinse cățelușului. Văzând asta, cățelușul sări prin aer cu toate labele deodată, scheunând de bucurie, și dădu năvală pe băț pentru a-l înșfăca. Alice se strecură după un ciulin mare, ca să fie sigură că nu va trece peste ea. Când apăru pe cealaltă parte, cățelușul năvăli din nou pe băț și căzu val-vârtej în graba de a-l prinde. Atunci, Alice, gândindu-se că arăta ca un joc cu un cal de tracțiune și așteptându-se din clipă în clipă să fie călcată în picioare, fugi din nou după ciulin. Cățelușul începu o serie de atacuri scurte asupra bățului, alergând câte puțin mai în față de fiecare dată și mult în spate, și lătrând răgușit tot timpul, până când în cele din urmă se așeză destul de departe, gâfâind, cu limba scoasă și ochii pe jumătate închiși.

Acesta îi păru lui Alice un moment bun să plece, așa că se porni de îndată și fugi până când fu destul de obosită și fără suflare și până ce lătratul câinelui sună foarte slab în depărtare.

„Și totuși, ce cățeluș drăguț!” spuse Alice, în timp ce se sprijini de o floare pentru a se odihni și își făcu vânt cu una dintre frunzele sale. „Mi-ar fi plăcut foarte mult să-l învăț trucuri, dacă—dacă aș fi avut statura potrivită! Ah, vai de mine! Aproape că am uitat că trebuie să cresc din nou! Oare—cum aș putea face asta? Bănuiesc că trebuie să beau sau să mănânc una sau alta, dar marea întrebare e «Ce?»"

Marea întrebare sigur era „Ce?". Alice se uită în jur la flori și la firele de iarbă, dar nu văzu nimic care să pară bun de băut sau de mâncat în aceste circumstanțe. Lângă ea, se afla o ciupercă mare, cam la fel de mare ca și ea. Când se uită sub ea, în ambele părți și în spate, își dădu seama că se poate uita să vadă și ce este deasupra ei.

Se întinse în sus pe vârfuri și se uită repede peste partea de sus a ciupercii. În acel moment, întâlni ochii unei omizi mari albastre, care stătea deasupra, cu brațele încrucișate, fumând în liniște dintr-o narghilea lungă și neobservând nimic în jur.

C A P I T O L U L   V

Sfaturile Omizii

Omida şi Alice se uitară una la alta o vreme în linişte. În cele din urmă, Omida scoase narghileaua din gură şi îi vorbi lui Alice cu o voce istovită şi adormită.

„Cine eşti?" spuse Omida.

Acesta nu era un început de conversaţie încurajator. Alice îi răspunse, destul de timidă. „Abia—abia mai ştiu, doamnă, acum în momentul de faţă—ştiu doar cine eram când m-am trezit de dimineaţă, dar cred că m-am schimbat de câteva ori de atunci."

„Ce vrei să spui cu asta?" spuse sever Omida. „Explică!"

„Nu pot explica, îmi pare rău, doamnă," spuse Alice, „pentru că, vedeţi, eu nu sunt eu însămi."

„Nu văd," spuse Omida.

„Îmi pare rău, dar nu pot spune mai clar," răspunse Alice, foarte politicoasă, „pentru că, în primul rând, nu înţeleg nici eu. Să ai atât de multe înălţimi în aceeaşi zi e derutant."

„Nu e," spuse Omida.

„Păi, poate nu credeți asta acum," spuse Alice, „dar când veți deveni crisalidă—știți, o veți face într-o zi—și apoi fluture, cred că vă veți simți puțin ciudat, nu credeți?"

„Deloc," spuse Omida.

„Păi, poate sentimentele *dumneavoastră* sunt diferite," spuse Alice: „tot ce știu e că pentru *mine* ar fi foarte ciudat."

„Tu!" spuse Omida disprețuitor. „Cine ești *tu*?"

Remarca le dusese înapoi la începutul conversației. Pe Alice o enervară puțin remarcile scurte ale Omizii. Se ridică în picioare şi spuse, foarte serioasă, „Cred că prima dată trebuie să îmi spuneţi cine sunteţi dumneavoastră."

„De ce?" spuse Omida.

Din nou o întrebare intrigantă. Cum Alice nu se putu gândi la niciun motiv întemeiat, iar Omida părea a fi într-o stare de spirit neplăcută, se întoarse şi plecă.

„Vino înapoi!" strigă Omida după ea. „Trebuie să îţi spun ceva important!"

Asta sună foarte promiţător. Alice veni înapoi.

„Păstrează-ţi cumpătul," spuse Omida.

„Asta e tot?" spuse Alice, abţinându-se cât de mult putu.

„Nu," spuse Omida.

Alice se gândi că putea să aştepte, căci nu avea nimic altceva de făcut, şi că, poate, în cele din urmă, îi va spune ceva demn de ascultat. Timp de câteva minute, pufăi fără să vorbească, dar, în cele din urmă, îşi desfăcu braţele, îşi scoase iar narghileaua din gură şi spuse „Deci crezi că eşti schimbată, nu-i aşa?"

„Mi-e teamă că sunt, doamnă," spuse Alice. „Nu pot să îmi aduc aminte lucruri aşa cum obişnuiam să o fac—şi nu îmi păstrez aceeaşi statură pentru mai mult de zece minute!"

„Ce lucruri nu poţi să îţi aduci aminte?" spuse Omida.

„Păi, am încercat să spun «*Cum de e mica albină ocupată*», dar mi-a venit în minte diferit!" răspunse Alice cu o voce foarte melancolică.

„Spune «*Eşti bătrân, tată Will*»," spuse Omida.

Alice îşi împreună mâinile şi începu:—

> *„Eşti bătrân, tată Will," feciorul spuse*
> *„Părul ţi-a încărunţit tare*
> *Crezi că e bine ca la vârsta ta oare*
> *Să stai în cap fără încetare?"*

„Când eram tânăr," taica răspunse
    „Creierul ar fi putut fi afectat
Dar acum că văzui că n-am deloc,
    Aș repeta neîncetat."

„Ești bătrân," continuă feciorul,
    „Te-ai îngrășat nespus de tare,
Și totuși, ai făcut o tumbă în aer—
    Rogu-te-aș, de ce oare?"

„În tinereţe," răspunse înţeleptul, dând din buclele-i gri,
    „Foloseam această alifie
Ca să îmi ţin membrele suple
    Vrei să încerci şi tu o cutie?"

„Eşti bătrân," spuse feciorul, „şi untura e tare
    Pentru maxilarul tău slăbit
Şi totuşi ai mâncat gâsca cu totul—
    Rogu-te-aş, cum ai izbutit?"

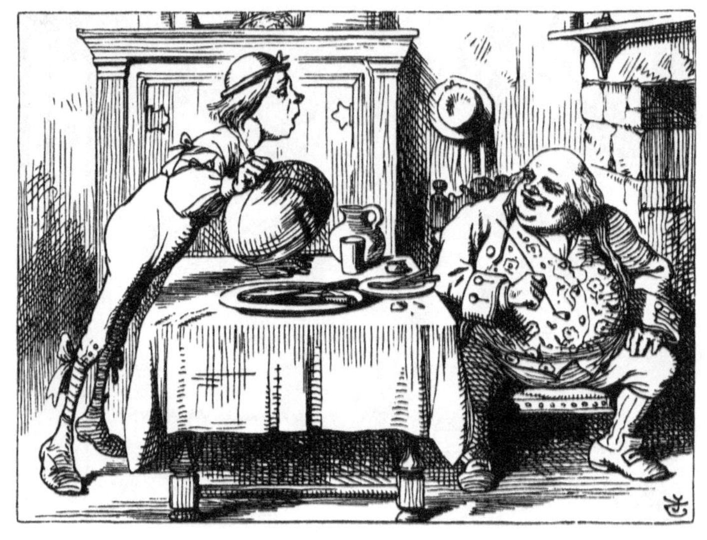

„Când eram tânăr,” spuse taica, „dezbăteam
Fiecare caz cu soția ca la proces
Maxilaru-mi căpătând așa o forță
Că va dura pân’ la deces.”

„Ești bătrân,” spuse feciorul, „greu ai crede
Că vederea n-ai pierdut
Și totuși un țipar pe nas ai ținut—
Cum de ești atât de priceput?”

„Ţi-am răspuns la trei întrebări şi cred că e de-ajuns,”
Spuse taica. „Nu te da mare!
Crezi că pot sta toată ziua la troace?
Lasă-mă sau te trimit la plimbare!”

„Nu e spusă bine,” spuse Omida.

„Mi-e teamă că nu prea bine,” spuse Alice, timidă „sunt greşite câteva cuvinte.”

„E greşită cap coadă,” spuse Omida, hotărâtă. Tăcerea se aşternu pentru câteva minute.

Omida vorbi prima.

„Ce înălţime vrei să ai?” întrebă.

„Ah, nu doresc neapărat o înălțime anume," răspunse repede Alice; „doar că, știți, nu îmi place să mă schimb așa de des."

„*Nu* știu," spuse Omida.

Alice nu spuse nimic. Nu fusese niciodată până acum așa de contrazisă de nimeni și simțea că se pierde cu firea.

„Ești mulțumită acum?" spuse Omida.

„Păi, mi-aș dori să fiu *puțin* mai înaltă, doamnă, dacă nu aveți nimic împotrivă," spuse Alice: „e jalnic să ai o înălțime de șapte centimetri."

„Dar, este o înălțime foarte bună!" spuse Omida furioasă, ridicându-se în timp ce vorbea (avea înălțimea exact de șapte centimetri).

„Dar nu sunt obișnuită cu ea!" pledă săraca Alice pe un ton demn de milă. Apoi, se gândi „mi-aș dori ca făpturile astea să nu se simtă jignite așa de ușor!"

„Te vei obișnui cu timpul," spuse Omida. Duse narghileaua la gură și începu să fumeze din nou.

De data asta Alice așteptă cu răbdare până când alese să vorbească din nou. În câteva clipe, Omida își scoase narghileaua din gură. Căscă o dată de două ori și se scutură. Apoi, se dădu jos de pe ciupercă și se târî în iarbă, abia uitându-se în jur, în timp ce mergea, „O parte te va face să fii mai înaltă, iar cealaltă, mai scundă."

„O parte a *ce?* Cealaltă parte a *ce?*" se gândi Alice.

„A ciupercii," spuse Omida, ca și cum Alice ar fi întrebat cu voce tare, și dispăru într-o clipă.

Alice se uită gânditoare la ciupercă pentru un minut, încercând să își dea seama care erau cele două capete ale acesteia. Cum era perfect rotundă, i se păru foarte greu de hotărât. Totuși, în cele din urmă, își întinse mâinile cât de mult putu și rupse o bucățică cu fiecare mână.

„Şi acum care e care?" îşi spuse, ciugulind puţin din mâna dreaptă ca să încerce efectul. În următorul moment, simţi o lovitură puternică sub bărbie. Îşi lovise piciorul!

Era destul de speriată de această schimbare bruscă, dar simţi că nu e timp de pierdut, căci se făcea rapid mică, aşa că se puse să mănânce repede din cealaltă bucăţică. Bărbia îi era aşa de împinsă în picior, că abia mai avu loc să-şi deschidă gura, dar până la urmă o deschise şi reuşi să înghită puţin din mâna stângă.

* * * * *

 * * * *

* * * * *

„Ce bine, capul îmi este liber în sfârşit!" spuse Alice pe un ton de încântare, care rapid se schimbă în alarmă, când îşi dădu seama că nu-şi mai găsea umerii. Tot ce putu vedea, când se uită în jos, era un gât imens de mare, care părea că iese ca o tulpină dintr-o mare de frunze verzi care stăteau jos departe de ea.

„Ce ar putea fi chestia aia verde?" spuse Alice. „Şi unde mi s-au dus umerii? Şi, ah, săracele mele mâini, cum de nu vă văd?" Le mişca cum vorbea, dar nu părea să aibă vreun efect, decât o mişcare slabă printre frunzele verzi din depărtare.

Cum părea că nu există nicio posibilitate să îşi ducă mâinile la cap, încercă să îşi ducă capul la mâini şi fu încântată să vadă că gâtul i se îndoia uşor în orice direcţie, ca un şarpe. Tocmai reuşise să-l îndoaie într-un zig-zag graţios şi urma să îl scufunde printre frunze, care, după cum îşi dădu seama, nu erau altceva decât partea de sus a copacilor sub care se plimbase, când un şuierat ascuţit o făcu să se tragă rapid înapoi. Un porumbel mare îi zbură în faţă şi o bătu violent cu aripile.

„Şarpe!" strigă Porumbelul.

„*Nu* sunt un şarpe!" spuse Alice indignată. „Lasă-mă în pace!"

„Şarpe, spun din nou!" repetă Porumbelul, dar cu un ton mai reţinut, şi adăugă, cu un fel de suspin, „am încercat în toate felurile, dar nimic nu pare a le conveni!"

„Habar nu am despre ce vorbeşti," spuse Alice.

„Am încercat rădăcinile copacilor, am încercat malurile, am încercat tufişurile," continuă Porumbelul, fără să o bage în seamă; „dar şerpii ăştia! Nu ai cum să le faci pe plac!"

Alice era tot mai nedumerită, dar se gândi că nu are rost să mai zică nimic până ce nu avea să termine Porumbelul.

„De parcă nu era destul de complicat clocitul ouălor," spuse Porumbelul; „mai trebuie să fiu atent şi la şerpi, zi lumină! Ei bine, nu am închis un ochi aceste trei săptămâni!"

„Îmi pare tare rău că ai fost deranjat," spuse Alice, care începea să înţeleagă,

„Şi tocmai când îmi alesesem cel mai înalt copac din pădure," continuă Porumbelul, ridicând vocea, „şi tocmai când mă gândeam că voi fi liber de ei în sfârşit, trebuie să vină şerpuindu-se din cer! Îu, şarpe!"

„Dar *nu* sunt un şarpe, îţi spun!" spuse Alice. „Sunt o— Sunt o—"

„Ei! *Ce* eşti?" spuse Porumbelul. „Îmi dau seama că încerci să inventezi ceva!"

„Sunt—sunt o fetiţă," spuse Alice, destul de nesigură, aducându-şi aminte de câte ori se schimbase în ziua aia.

„Într-adevăr o poveste îndoielnică!" spuse Porumbelul, pe un ton de dispreţ total. „Am văzut multe fetiţe la vremea mea, dar niciodată *una* cu un gât atât de lung! Nu, nu! Eşti un şarpe şi nu are rost să negi. Bănuiesc că îmi vei spune în continuare şi că nu ai gustat niciodată un ou!"

„Desigur că am gustat ouă," spuse Alice, care era un copil foarte onest; „dar, ştii, fetiţele mănâncă aproape la fel de multe ouă ca şi şerpii."

„Nu cred asta," spuse Porumbelul; „dar, dacă mănâncă, ei bine, atunci sunt un fel de şerpi: asta e tot ce pot spune."

Asta era o idee aşa de nouă pentru Alice încât tăcu câteva clipe, care îi dădură Porumbelului oportunitatea să adauge „Cauţi ouă, ştiu asta destul de bine. Ce îmi pasă mie dacă eşti o fetiţă sau un şarpe?"

„Mie, îmi pasă mult," spuse Alice repede; „dar nu caut ouă, de fapt, şi dacă aş căuta, nu le-aş vrea pe ale tale. Nu îmi plac crude."

„Păi, pleacă atunci!" spuse Porumbelul pe un ton bosumflat, în timp ce se aşeza din nou în cuib. Alice se ghemui în jos printre copaci cât de bine putu, căci gâtul i se tot prindea printre crăci, şi din când în când trebuia să se oprească să şi-l desfacă. După un timp, îşi aminti că încă mai avea bucăţile de ciupercă în mână şi se apucă de treabă cu grijă, ciugulind mai întâi din una şi apoi din cealaltă, când crescând când descrescând, până ce reuşi să ajungă la statura ei obişnuită.

A trecut aşa de mult de când a avut statura potrivită că i se păru chiar ciudat la început. Dar, se obişnui în câteva minute şi începu să îşi vorbească ca de obicei, „Haide, jumătate din planul meu e realizat acum! Ce confuze toate aceste schimbări! Nu sunt niciodată sigură ce voi fi, de la o clipă la alta! Totuşi, am revenit la statura potrivită. Următorul lucru este să ajung în acea grădină frumoasă—oare cum voi face asta, mă întreb?" În timp ce spuse asta, ajunse într-un spaţiu deschis, cu o mică casă de aproape un metru. „Oricine ar locui acolo," se gândi Alice „nu se cuvine să merg aşa de mare, căci îi voi speria de moarte!" Aşa că începu să ciugulească din mâna dreaptă şi nu îndrăzni să meargă spre casă până ce nu se făcu de douăzeci de centimetri.

CAPITOLUL VI

Porcul și piperul

Pentru câteva clipe, Alice stătu uitându-se la casă și întrebându-se ce să facă în continuare, când, deodată, un lacheu în livrea veni fugind din pădure—(deduse că e un lacheu pentru că era îmbrăcat în livrea, altfel, judecând doar după fața lui, ar fi zis că e un pește)—și bătu tare la ușă cu degetele. Aceasta fu deschisă de un alt lacheu în livrea, cu o față rotundă și ochi mari ca de broască. Alice observă că ambii lachei aveau părul pudrat și ondulat. Fiind foarte curioasă să afle despre ce este vorba, ieși încet din pădure ca să asculte.

Lacheul-Pește începu prin a scoate de sub braț o scrisoare mare, aproape cât el, și i-o înmână celuilalt, spunând pe un ton solemn, „Pentru Ducesă. O invitație de la Regină la o partidă de croquet." Lacheul-Broască repetă, în același ton solemn, dar schimbând puțin ordinea cuvintelor, „De la Regină. O invitație pentru Ducesă la o partidă de croquet."

Apoi, făcură o plecăciune până jos, iar buclele li se încâlciră unele în altele.

Alice râse atât de mult de asta, încât trebui să fugă înapoi în pădure de frică să nu o audă. Când ieși din nou din pădure, Lacheul-Pește dispăru, iar celălalt stătea pe jos lângă ușă, privind stupid în sus la cer.

Alice merse timid până la ușă și bătu.

„Nu are niciun rost să bați," spuse Lacheul, „și asta din două motive. Primul, sunt pe aceeași parte a ușii cu tine. Al doilea, fac așa o gălăgie cei dinăuntru, încât nimeni nu ar putea să te audă." Într-adevăr, se auzea o zarvă mare dinăuntru—un urlet și un strănutat continuu, și, din când în când, un bubuit puternic, ca și cum vreo farfurie sau vreun ibric s-ar fi spart în bucăți.

„Și atunci, mă rog," spuse Alice, „cum o să intru?"

„Poate ar fi avut ceva logică bătutul tău," Lacheul continuă, fără să îi răspundă, „dacă ar fi fost ușa între noi. De exemplu, știi, dacă ai fi *înăuntru*, ai putea să bați și eu te-aș lăsa să ieși." Se uită în sus la cer cât timp vorbi și asta i se păru lui Alice foarte prost-crescut. „Dar, poate nu se poate abține," își spuse, „ochii îi sunt așa de aproape de partea de sus a capului. Dar, oricum, ar putea să răspundă la întrebări—Cum o să intru?" repetă Alice cu voce tare.

„Voi sta aici," Lacheul remarcă, „până mâine—"

În acest moment, ușa casei se deschise și o farfurie mare zbură afară direct în capul Lacheului. Doar îi zgârie nasul și se sparse într-unul din copacii din spatele lui.

„—sau, poate, până poimâine," continuă Lacheul pe același ton, ca și când nu s-ar fi întâmplat nimic.

„Cum o să intru?" întrebă Alice din nou, ridicând vocea.

„Dar oare vei intra?" spuse Lacheul. „Știi, asta e prima întrebare."

Așa era, fără îndoială, doar că lui Alice nu îi plăcea să i se spună asta. „E de-a dreptul îngrozitor," murmură singură, „cum toate făpturile se ceartă. Pot scoate pe oricine din minți!"

Lacheului i se păru o bună ocazie să repete, cu variațiuni.

„Voi sta aici," spuse el, „din când în când, zile la rând."

„Și eu ce să fac?" spuse Alice.

„Orice vrei," spuse Lacheul, și începu să fluiere.

„Ah, n-are niciun sens să vorbesc cu el," spuse Alice disperată. „E de-a dreptul stupid!" Deschise ușa și intră.

Ușa ducea direct într-o bucătărie mare, ce era plină de fum de la un capăt la altul. Ducesa stătea în mijloc, pe un taburet cu trei picioare, hrănind un bebeluș, bucătăreasa era aplecată deasupra focului, amestecând într-o oală mare ce părea a fi plină cu supă.

„Sigur e prea mult piper în supa asta!" își spuse Alice, atât cât putu din cauza strănutatului.

Era desigur prea mult în aer. Chiar şi Ducesa strănuta din când în când. Cât despre copil, strănuta şi urla alternativ, fără niciun moment de pauză. Singurele făpturi din bucătărie care nu strănutau erau bucătăreasa şi o pisică mare, care stătea întinsă pe vatră şi rânjea de la o ureche la alta.

„Vă rog, aţi putea să îmi spuneţi," spuse Alice, puţin timidă, căci nu era sigură dacă era politicos ca să vorbească ea prima, „de ce pisica dumneavoastră rânjeşte aşa?"

„Este o Pisică de Cheshire," spuse Ducesa, „de aia. Porcule!"

Spuse ultimul cuvânt cu aşa o violenţă încât Alice aproape sări, dar văzu imediat că îi era adresat copilului, şi nu ei, aşa că îşi făcu curaj şi continuă:—

„Nu ştiam că Pisicile de Cheshire rânjesc mereu, de fapt, nu ştiam că pisicile pot rânji."

„Toate pot," spuse Ducesa, „şi majoritatea o şi fac."

„Nu știu niciuna care o face," spuse Alice foarte politicos, fiind chiar mulțumită că face conversație.

„Nu știi multe," spuse Ducesa, „și asta e realitatea."

Lui Alice nu îi plăcu deloc tonul remarcii și se gândi că ar fi mai bine să schimbe subiectul. În timp ce încerca să găsească un alt subiect, bucătăreasa luă oala cu supă de pe foc și, deodată, începu să arunce tot ce avea la îndemână către Ducesă și copil—vătraiele fură primele, urmate de o mulțime de oale, farfurii și tacâmuri. Ducesa nu le băgă în seamă nici măcar când o loviră, iar copilul urla oricum așa de tare, încât era greu de spus dacă loviturile îl dureau sau nu.

„Ah, te *rog* să ai grijă ce faci!" strigă Alice, sărind în sus și în jos terorizată. „Ah, și uite așa i se rupe scumpul lui năsuc!" când o tigaie neobișnuit de mare zbură în apropierea copilului și aproape că îl luă cu ea.

„Dacă fiecare și-ar vedea de treaba sa," spuse Ducesa, cu un bodogănit rășit, „pământul s-ar învârti mai repede decât o face."

„Ceea ce nu ar fi un avantaj," spuse Alice, care era foarte fericită că avea șansa să arate puțin din ce știe. „Doar gândiți-vă ce s-ar întâmpla cu ziua și noaptea! Vedeți, pământului îi trebuie douăzeci și patru de ore să se învârtă pe axa sa—"

„Vorbind de învârtit," spuse Ducesa, „învârte-i capul!"

Alice îi aruncă o privire destul de îngrijorată bucătăresei să vadă dacă înțelese aluzia, dar aceasta amesteca de zor în supă și părea să nu asculte, astfel că merse mai departe: „Douăzeci și patru de ore, cred, sau erau doisprezece? Eu—"

„Ah, lasă-mă în pace!" spuse Ducesa. „Nu am putut suporta niciodată numerele!" Și începu să își hrănească copilul, cântându-i un fel de cântec de leagăn și scuturându-l violent la finalul fiecărui vers:—

„Copilului tău vorbeşte-i tăios
Şi bate-l când strănută,
O face doar când e nervos,
Ca să fii tu supărată."

CORUL
(când cântau şi bucătăreasa şi copilul):—
"Uau! uau! uau!"

În timp ce Ducesa cânta a doua strofă a cântecului, aruncă copilul violent în sus şi-n jos şi săracul urla aşa de tare, că Alice abia auzi cuvintele:—

„Copilului meu îi vorbesc tăios
Şi-l bat doar când strănută
În rest se comportă frumos
Când lumea nu se uită!"

CORUL
"Uau! uau! uau!"

„Poftim! Poţi să îi dai şi tu de mâncare, dacă vrei!" îi spuse Ducesa lui Alice, aruncându-i copilul în timp ce vorbea. „Trebuie să merg să mă pregătesc pentru a juca croquet cu Regina," şi ieşi grăbită din cameră. Bucătăreasa aruncă cu o tigaie după ea, dar o ratase.

Alice prinse copilul destul de greu, căci era o făptură cu o formă ciudată şi îşi ţinea mâinile şi picioarele în toate direcţiile, „ca şi o stea de mare," gândi Alice. Săracuţul grohăia ca un motor cu aburi când Alice îl prinse şi se tot îndoia în sus şi se întindea din nou, aşa că, pentru o clipă, tot ce putu face era să-l ţină.

Imediat ce înţelese cum trebuia să facă pentru a-l hrăni corect (adică să-l răsucească într-un fel de nod şi apoi să-l țină strâns de urechea dreaptă și piciorul stâng ca să nu se desfacă), l-a dus la aer. „Dacă nu iau copilul cu mine," gândi Alice „sigur îl omoară într-o zi două. Ar fi crimă să-l las aici, nu-i așa?" Spuse ultimele cuvinte cu voce tare și micuțul răspunse cu un grohăit (îi trecuse strănutatul). „Nu grohăi," spuse Alice „asta nu este o formă adecvată de exprimare."

Copilul grohăi din nou și Alice se uită cu nervozitate la fața lui să vadă ce se întâmplă. Nu era nicio îndoială că avea un nas foarte ridicat în sus, semănând mai degrabă cu un rât. De asemenea, ochii erau extrem de mici pentru un copil. Toate la un loc, lui Alice nu îi plăcea deloc cum arată. „Dar poate doar suspină," se gândi și se uită din nou la ochii lui să vadă dacă sunt lacrimi.

Nu, nu erau lacrimi. „Dacă o să te transformi într-un porc, dragul meu," spuse Alice serios, „nu vreau să mai știu de tine. Bagă de seamă!" Sărăcuțul suspină din nou (sau grohăi, era imposibil de făcut diferența) și continuă câtva timp în liniște.

Alice tocmai începu să se gândească „Ei bine, ce o să fac cu această făptură când ajung acasă?", când copilul grohăi din nou, așa de violent, că se uită alarmată în jos la fața lui. De data asta, nu mai era nicio îndoială. Nu era nici mai mult nici mai puțin decât un porc și i se păru chiar absurd să-l mai care în brațe.

Astfel că puse mica făptură jos și se simți destul de ușurată să o vadă că o ia la fugă spre pădure. „Dacă ar fi crescut," își spuse, „ar fi fost un copil teribil de urât, dar, cred că, ca și porc, este destul de frumos." Și începu să se gândească la alți copii pe care îi cunoștea, care pot face ca porcii, și își spuse „dacă ar ști oamenii cum să-i schimbe—" când fu puțin surprinsă să vadă Pisica de Cheshire stând pe o creangă de copac la câțiva metri de ea.

Pisica doar rânji când o văzu pe Alice. Pare blândă, gândi ea, dar totuși are gheare foarte lungi și mulți dinți, drept urmare trebuie tratată cu respect.

„Pisi de Cheshire," începu Alice, destul de timidă, căci nu știa dacă îi place să fie strigată așa. Oricum, aceasta doar îi rânji puțin mai tare. „Uite, e mulțumită până acum," gândi Alice și continuă. „Ai putea să-mi spui, te rog, pe unde ar trebui să o iau să plec de aici?"

„Depinde foarte mult unde vrei să ajungi," spuse Pisica.

„Nu prea mă interesează unde—" spuse Alice.

„Atunci nu contează încotro o iei," spuse Pisica.

„—atâta timp cât ajung undeva," adăugă Alice ca și explicație.

„Ah, sigur vei ajunge," spuse Pisica, „dacă mergi suficient de mult."

Alice gândi că are dreptate, așa că încercă o altă întrebare. „Ce fel de oameni trăiesc pe aici?"

„În *acea* direcție," spuse Pisica, făcând cu laba dreaptă, „trăiește un Pălărier, și în direcția *aceea*," făcând cu cealaltă labă, „trăiește un Iepure de Martie. Du-te la care vrei, oricum sunt amândoi nebuni."

„Dar nu vreau să fiu printre nebuni," remarcă Alice.

„Ah, nu ai cum să eviți asta," spuse Pisica, „suntem toți nebuni aici. Eu sunt nebună. Tu ești nebună."

„De unde știi că sunt nebună?" spuse Alice.

„Trebuie să fii," spuse Pisica, „altfel, nu ai fi venit aici."

Alice nu consideră că asta ar dovedi ceva, totuși, continuă: „Și de unde știi că tu ești nebună?"

„Ca să încep," spuse Pisica, „câinele nu e nebun. Ești de acord?"

„Presupun că da," spuse Alice.

„Ei bine, atunci," continuă Pisica, „vezi, câinele mârâie când e nervos și dă din coadă când e mulțumit. În schimb, eu mârâi când sunt mulțumită și dau din coadă când sunt nervoasă. Așadar, sunt nebună."

„*Eu* îi spun tors, nu mârâit," spuse Alice.

„Spune-i cum vrei," spuse Pisica. „Joci croquet cu Regina astăzi?"

„Mi-ar plăcea foarte mult," spuse Alice, „dar nu am fost încă invitată."

„Mă vei vedea acolo," spuse Pisica și dispăru.

Alice nu fu foarte surprinsă de acest lucru, devenea tot mai obișnuită cu lucrurile ciudate ce se întâmplau. În timp ce se uita la locul unde fusese pisica, deodată, aceasta apăru din nou.

„Apropo, ce s-a întâmplat cu copilul?" spuse Pisica. „Aproape că am uitat să întreb."

„S-a transformat într-un porc," răspunse Alice foarte încet, ca și cum întoarcerea pisicii ar fi fost ceva normal.

„Așa mi s-a părut," spuse Pisica și dispăru din nou.

Alice stătu puțin, așteptându-se oarecum să o vadă din nou, dar Pisica nu mai apăru. După câteva clipe, plecă înspre direcția în care locuia Iepurele de Martie. „Am mai văzut pălărieri până acum," își spuse, „Iepurele de Martie ar fi mult mai interesant, și, poate cum suntem în mai, nu o fi nebun de legat—cel puțin nu așa de nebun cum a fost în martie." Când spuse asta, se uită în sus și iarăși văzu Pisica, stând pe o creangă de copac.

„Ai spus «porc» sau «orc»?" spuse Pisica.

„Am spus «porc»," răspunse Alice, „și aș vrea să nu tot apari și dispari așa brusc că mă amețești!"

„Bine," spuse Pisica. De data asta, dispăru mai încet, începând cu capătul cozii și terminând cu rânjetul, care rămase ceva vreme după ce restul îi dispăruse.

„Ei bine! Am văzut des o pisică fără rânjet," gândi Alice, „dar un rânjet fără pisică, nu! Este cel mai ciudat lucru pe care l-am văzut în viața mea!"

Nu merse mult până ce zări casa Iepurelui de Martie. Îşi dădu seama că e casa pe care o căuta, căci şemineul era în formă de urechi, iar acoperişul era din blană. Era aşa de mare că nu îndrăzni să se apropie până ce nu ciuguli puțin din mâna stângă în care ținea ciuperca şi crescu cam jumătate de metru. Chiar şi aşa se îndreptă către ea destul de încet, spunându-şi „Şi dacă e nebun de legat! Parcă mi-aş dori să mă fi dus mai degrabă la Pălărier!"

CAPITOLUL VII

Serata nebună

Sub un copac, în faţa casei, era aşezată o masă la care Iepurele de Martie şi Pălărierul serveau ceaiul. Un Pârş stătea între cei doi, dormind dus. Cei doi îl foloseau pe post de pernă, stând cu cotul pe el şi vorbind deasupra lui. „Foarte inconfortabil pentru Pârş," gândi Alice, „dar, după cum doarme, bănuiesc că nu-i pasă."

Masa era una mare, dar cei trei se înghesuiau la unul dintre colţurile acesteia. „Nu este loc! Nu este loc!" strigară când o văzură pe Alice venind. „Este loc suficient!" spuse Alice indignată şi se aşeză într-un fotoliu mare la capătul mesei.

„Serveşte nişte vin," spuse Iepurele de Martie pe un ton consolator.

Alice se uită pe masă, dar nu era nimic decât ceai. „Nu văd vin deloc," remarcă.

„Nu este deloc," spuse Iepurele de Martie.

„Atunci nu a fost politicos din partea ta să oferi," spuse Alice.

„Nu a fost foarte politicos nici din partea ta să te aşezi fără să fii invitată," spuse Iepurele de Martie.

„Nu am ştiut că este masa voastră," spuse Alice. „E pusă pentru mult mai mulţi oameni decât trei."

„Părul tău are nevoie de o tunsoare," spuse Pălărierul. De ceva vreme, se uitase la Alice foarte curios şi acestea fură primele sale cuvinte.

„Ar trebui să înveţi să nu mai faci remarci personale," spuse Alice cu oarece asprime. „Este foarte nepoliticos."

Pălărierul deschise ochii foarte larg când auzi asta, dar tot ce spuse fu „De ce este un corb ca un birou?"

„Haide, ne vom distra puţin acum!" gândi Alice. „Mă bucur că au început să spună ghicitori—cred că ştiu răspunsul," adăugă cu voce tare.

„Vrei să spui că crezi că poţi şti răspunsul?" spuse Iepurele de Martie.

„Exact aşa," spuse Alice.

„Atunci spune că ştii," continuă Iepurele de Martie.

„Da," răspunse Alice repede. „Știi, oricum cred că știu—sau cel puțin așa cred—e același lucru cu știu."

„Câtuși de puțin același lucru!" spuse Pălărierul. „Păi, ai putea la fel de bine să spui că «Văd ce mănânc» e același lucru cu «Mănânc ce văd»!"

„Ai putea la fel de bine să spui," adăugă Iepurele de Martie „că «Îmi place ce primesc» e același lucru cu «Primesc ce îmi place»!"

„Ai putea la fel de bine să spui," adăugă Pârșul, care părea să vorbească în somn, „că «Respir când dorm» e același lucru cu «Dorm când respir»!"

„Pentru tine e același lucru," spuse Pălărierul și conversația se încheie aici. Cei trei tăcură pentru o clipă, în timp ce Alice încercă să își aducă aminte tot ce știa despre corbi și birouri, și nu știa prea multe.

Pălărierul fu primul care rupse tăcerea. „Ce zi a lunii este asta?" spuse el, întorcându-se către Alice. Își scoase ceasul din buzunar și se uită la el cu îngrijorare, scuturându-l din când în când și ținându-l la ureche.

Alice se gândi puțin și apoi spuse „A patra."

„Două zile în urmă!" oftă Pălărierul. „Ți-am spus că untul nu îi va face bine!" adăugă, uitându-se nervos la Iepurele de Martie.

„A fost cel *mai bun* unt," răspunse Iepurele de Martie blând.

„Da, dar sigur au intrat și ceva firimituri," mormăi Pălărierul. „Nu trebuia să îl pun înăuntru cu cuțitul de unt."

Iepurele de Martie luă ceasul și se uită la el cu un aer trist. Apoi îl înmuie în ceașca lui de ceai și se uită din nou la el, dar nu găsi nimic mai bun de spus decât ceea ce spuse mai devreme, „Știi, a fost cel *mai bun* unt."

Alice se uitase peste umărul lui cu ceva curiozitate. „Ce ceas ciudat!" remarcă. „Spune ziua din lună, dar nu spune ora!"

„De ce, ar trebui?" murmură Pălărierul. „Ceasul tău îți spune ce an este?"

„Desigur că nu," răspunse Alice fără să ezite, „dar asta pentru că este același an pentru o perioadă lungă de timp."

„La fel se întâmplă și cu al *meu*," spuse Pălărierul.

Alice se simți extrem de nedumerită. Îi păru că remarca Pălărierului nu avea niciun fel de înțeles, și totuși era mai mult ca sigur în limba ei. „Nu te prea înțeleg," spuse, cât de politicos putu.

„Pârșul doarme din nou," spuse Pălărierul și îi turnă puțin ceai cald pe nas.

Pârșul își scutură capul neliniștit și spuse fără să își deschidă ochii „Desigur, desigur, tocmai ce voiam să spun și eu."

„Ai ghicit deja răspunsul la ghicitoare?" spuse Pălărierul, întorcându-se către Alice din nou.

„Nu, am renunțat," răspunse Alice. „Care e răspunsul?"

„Nu am nici cea mai vagă idee," spuse Pălărierul.

„Nici eu," spuse Iepurele de Martie.

Alice suspină istovită. „Cred că ați putea face ceva mai bun cu timpul," spuse, „decât să-l pierdeți spunând ghicitori ce nu au răspuns."

„Dacă ai cunoaște Timpul atât de bine pe cât îl știu eu," spuse Pălărierul, „nu ai vorbi despre el ca despre o entitate, ci ca despre o *persoană*."

„Nu înțeleg la ce te referi," spuse Alice.

„Desigur că nu!" spuse Pălărierul, aruncându-și capul pe spate disprețuitor. „Presupun că nici măcar nu ai vorbit cu Timpul!"

„Poate că nu," răspunse Alice cu grijă, „dar știu că trebuie să bat timpul când învăț muzică."

„Ah! Asta explică tot," spuse Pălărierul. „Nu suportă bătutul. Acum, dacă te-ai înțelege mereu bine cu el, ar face aproape orice vrei cu ora. De exemplu, să zicem că ar fi ora nouă dimineața, tocmai ora când începe școala, doar ar trebui să îi dai de înțeles Timpului și ar trece cât ai clipi! Unu jumătate, ora mesei!"

(„Ce mi-aș dori să fie," își spuse Iepurele de Martie în șoaptă.)

„Ar fi minunat, într-adevăr," spuse Alice gânditoare; „dar atunci—știi, nu mi-ar fi foame."

„Poate, nu la început," spuse Pălărierul, „dar ai putea rămâne la unu jumătate cât ai dori."

„Așa faceți *voi*?" întrebă Alice.

Pălărierul dădu din cap îndurerat. „Eu nu!" răspunse. „Știi, ne-am certat în luna martie—chiar înainte să înnebun-ească—" (arătând cu lingurița către Iepurele de Martie) „—s-a întâmplat la marele concert dat de Regina de Inimă Roșie, unde eu trebuia să cânt

«Nani, nani, scumpișor,
Nani, nani, șezi ușor!»

Poate că știi cântecul ăsta de leagăn?"

„Am auzit ceva asemănător," spuse Alice.

„Atunci, știi," continuă Pălărierul, „că mai departe e așa:—

> «Că mama ți-o cânta tare,
> Până când vei cădea din picioare.
> Nani, nani—»"

În acest moment, Pârșul se scutură și începu să cânte în somn „*Nani, nani, nani, nani—*" și tot cântă și cântă încât trebuiră să-l ciupească ca să se oprească.

„Ei bine, abia terminasem prima strofă," spuse Pălărierul, „când Regina țipă «Mutilează timpul! Tăiați-i capul!»"

„Extrem de sălbatic!" exclamă Alice.

„Și de atunci," Pălărierul continuă pe un ton îndurerat „nu face nimic din ce îl rog! Acum e mereu ora șase."

Alice avu o idee sclipitoare. „Ăsta e motivul pentru care sunt puse pe masă atât de multe lucruri legate de ceai?" întrebă ea.

„Da, de aceea," spuse Pălărierul suspinând, „e mereu ora ceaiului și nu avem timp să spălăm vasele."

„Bănuiesc că atunci vă tot mutați?" spuse Alice.

„Exact așa," spuse Pălărierul, „după cum se murdăresc vasele."

„Dar ce se întâmplă când ajungeți din nou la început?" Alice se hazardă să întrebe.

„Ce-ar fi să schimbăm subiectul," întrerupse Iepurele de Martie, căscând. „M-am plictisit de asta. Propun ca domnișoara să ne spună o poveste."

„Mă tem că nu știu niciuna," spuse Alice, cam speriată de propunere.

„Atunci o va face Pârșul!" țipară amândoi deodată. „Trezește-te, Pârșule!," spuseră, pișcându-l fiecare.

Pârșul își deschise ochii încet. „Nu dormeam," spuse cu o voce răgușită și slabă. „Am auzit tot ce ați spus."

„Spune-ne o poveste!" spuse Iepurele de Martie.

„Da, te rog, spune-ne!" imploră Alice.

„Şi spune-ne rapid!" adăugă Pălărierul, „sau vei adormi din nou înainte să termini."

„Au fost o dată ca niciodată trei surioare," Pârşul începu în mare grabă, „se numeau Eliza, Luiza şi Tina, şi locuiau pe fundul unui puţ—"

„Cu ce trăiau?" spuse Alice, care era mereu interesată de chestiuni legate de mâncat şi băut.

„Trăiau cu melasă," spuse Pârşul, după ce se gândi o clipă.

„Ştii, n-aveau cum să facă asta," remarcă Alice cu blândeţe. „S-ar fi îmbolnăvit."

„Aşa este," spuse Pârşul, „erau *foarte* bolnave."

Alice încercă puţin să îşi imagineze cum ar fi să trăieşti aşa de extraordinar, dar era prea dificil, astfel că întrebă: „Dar, de ce locuiau pe fundul unui puţ?"

„Mai serveşte nişte ceai," îi spuse ferm Iepurele de Martie lui Alice.

„Nu am servit deloc până acum," răspunse Alice jignită, „aşa că nu pot să mai servesc."

„Vrei să spui că nu poţi să nu mai serveşti," spuse Pălărierul, „e foarte uşor să mai serveşti decât să nu mai serveşti deloc."

„Nimeni nu ţi-a cerut părerea," spuse Alice.

„Cine face remarci personale acum?" întrebă Pălărierul pe un ton triumfător.

Alice nu prea ştiu ce să zică la asta, aşa că servi nişte ceai şi ceva pâine cu unt şi, apoi, se întoarse către Pârş şi repetă întrebarea „Dar de ce locuiau pe fundul unui puţ?"

Pârşul se gândi din nou câteva clipe şi apoi spuse „Era un puţ de melasă."

„Nu există aşa ceva!" începu Alice foarte nervoasă, dar Pălărierul şi Iepurele de Martie îi spuseseră „Şşşş! Şşşş!", iar

Pârșul remarcă bosumflat „Dacă nu poți să fii politicoasă, atunci termină tu povestea.”

„Nu, te rog, continuă!” spuse Alice foarte umilă. „Nu te voi mai întrerupe. Presupun că poate exista *vreunul*.”

„Unul, într-adevăr!” spuse Pârșul indignat. Oricum, consimți să continue. „Așa că aceste trei surori—știi, învățau să deseneze—”

„Ce desenau?” spuse Alice, uitându-și promisiunea.

„Melasă,” spuse Pârșul, fără să o bage în seamă de data asta.

„Vreau o ceașcă curată,” întrerupse Pălărierul, „hai să ne mutăm cu un loc.”

Se mișcă în timp ce vorbi, Pârșul îl urmă, Iepurele de Martie se mută în locul Pârșului și Alice, oarecum fără să vrea, luă locul Iepurelui de Martie. Pălărierul fu singurul care câștigă ceva din mișcarea asta, iar Alice era mult mai rău ca înainte, căci Iepurele de Martie tocmai răsturnă cana de lapte în farfurie.

Alice nu dori să-l jignească pe Pârș din nou, așa că începu foarte precaută: „Dar nu înțeleg. Cum desenau melasa?”

„Poți desena apa dintr-un puț, nu-i așa?” spuse Pălărierul. „La fel de bine poți să desenezi și melasa dintr-un puț, prostuțo.”

„Dar se aflau în puț,” îi spuse Alice Pârșului, ignorând această ultimă remarcă.

„Desigur că se aflau,” spuse Pârșul, „foarte adânc.”

Acest răspuns o făcu pe Alice și mai confuză, așa că îl lăsă pe Pârș să continue o vreme, fără să-l întrerupă.

„Învățau să deseneze,” continuă Pârșul, căscând și frecându-se la ochi, căci îi era tare somn, „și desenau tot felul de lucruri—tot ce începe cu litera M—”

„De ce cu litera M?” spuse Alice.

„De ce nu?” spuse Iepurele de Martie.

Alice tăcu.

Pârşul închise deja ochii şi începu să moţăie, dar, pişcat de Pălărier, se trezi din nou cu un urlet şi continuă: „—care încep cu litera M, precum mătură, măr, memorie, şi multitudine—ştii, spui lucruri precum «mare multitudine»—ai mai auzit vreodată de un astfel de lucru precum a desena o multitudine?"

„Chiar aşa, acum mă întrebi pe mine," spuse Alice, destul de confuză. „Nu cred—"

„Atunci nu ar trebui să vorbeşti," spuse Pălărierul.

Această grosolănie era mai mult decât Alice putea suporta, aşa că se ridică de la masă foarte dezgustată şi plecă. Pârşul adormi imediat şi nicicare dintre ceilalţi nu îşi dădură seama că Alice plecă, chiar dacă ea se uită înapoi o dată sau de două ori, oarecum sperând să o strige careva. Ultima dată când îi văzu, aceştia încercau să-l bage pe Pârş într-un ceainic.

„Sub nicio formă nu mă voi mai întoarce aici!" spuse Alice, în timp ce înainta cu atenţie prin pădure. „E cea mai stupidă serată la care am fost vreodată în viaţa mea!"

În timp ce spuse asta, observă că unul dintre copaci avea o ușă ce ducea înăuntru lui. „Ce ciudat!" gândi. „Dar totul e ciudat astăzi. Cred că mai degrabă intru numaidecât." Și așa și făcu.

Se afla, iarăși, pe coridorul lung și aproape de mica masă de sticlă. „De data asta, mă voi descurca mai bine," își spuse și începu prin a lua cheia mică de aur să descuie ușa care ducea în grădină. Apoi, începu să ciugulească din ciupercă (păstrase o bucată în buzunar) până ce se făcu de treizeci de centimetri. După, trecu prin micul pasaj și ajunse în sfârșit în grădina frumoasă, printre paturile de flori colorate și fântânile răcoroase.

CAPITOLUL VIII

Terenul de croquet al Reginei

La intrarea în grădină se afla un trandafir uriaş cu flori albe, pe care trei grădinari le vopseau de zor în roşu. Lui Alice i se păru foarte ciudat, aşa că se duse mai aproape ca să îi vadă mai bine. Tocmai când ajunse în dreptul lor, îl auzi pe unul dintre ei spunând „Fii atent, Cinciarule! Nu mă mai împroşca cu vopsea!”

„Nu am avut cum să evit,” spuse Cinciarul, îmbufnat. „Şeptarul mi-a dat peste cot.”

La care Şeptarul se uită în sus şi spuse „Aşa e, Cinciarule! Dă mereu vina pe alţii!”

„Mai bine ai tăcea!” spuse Cinciarul. „Numai ieri am auzit-o pe Regină spunând că meriţi să fii decapitat.”

„Pentru ce?” spuse cel care vorbise primul.

„Nu e treaba ta, Doiarule!” spuse Şeptarul.

„Ba da, este!” spuse Cinciarul. „Şi o să îi spun—pentru că i-a adus bucătarului bulbi de lalele în loc de ceapă.”

Șeptarul trânti peria pe jos și începu „Ei bine, dintre toate lucrurile nedrepte—" când dădu cu ochii de Alice, care stătea și se uita la ei, și se opri brusc. Ceilalți se uitară și ei în spate, după care făcură cu toții o mare plecăciune.

„Ați putea să îmi spuneți, vă rog," spuse Alice, puțin timidă, „de ce vopsiți trandafirii?"

Cinciarul și Șeptarul tăcură și se uitară la Doiar. Doiarul începu cu o voce joasă „Păi, ideea e că, vedeți, domnișoară, acesta de aici trebuia să fie un trandafir roșu, iar noi am plantat din greșeală unul alb. Dacă cumva Regina află asta, știți, rămânem cu toții fără cap. Așa că, vedeți, domnișoară, facem tot ce putem, înainte ca ea să vină, să—". În acest moment, Cinciarul, care se uitase nervos prin grădină, strigă „Regina! Regina!" și cei trei grădinari se aruncară imediat la pământ cu fața în jos. Se auziră sunete de pași mulți și Alice se uită în jur, nerăbdătoare să o vadă pe Regină.

Prima dată apărură zece soldați cărând trefle, aceștia erau la fel ca și grădinarii, dreptunghiulari și plați, cu mâinile și picioarele pe margini, apoi zece curteni, aceștia erau decorați peste tot cu diamante și mergeau din doi în doi, la fel ca soldații. După ei, apărură copiii regilor; erau zece la număr și drăguții mititei veneau sărind fericiți, de mână, câte doi, toți fiind decorați cu inimi. Apoi urmară invitații, majoritatea Regi și Regine, printre ei Alice recunoscându-l pe Iepurele Alb, care vorbea într-un fel nervos și rapid, zâmbind la tot ceea ce se spunea, și care nici nu o observă. Apoi, urmă Valetul de Inimă Roșie, ducând coroana Regelui pe o pernă de catifea purpurie. Ultimii în acest mare alai apărură REGELE ȘI REGINA DE INIMĂ ROȘIE.

Alice nu știa dacă nu cumva trebuia să stea și ea ca și cei trei grădinari la pământ cu fața în jos. Dar nu își aducea aminte să fi auzit vreodată de o astfel de regulă pentru alaiuri. „De fapt, care ar fi scopul unui alai," gândi ea, „dacă oamenii ar trebui să stea întinși cu fața în jos încât să nu-l poată vedea?" Așa că rămase unde era și așteptă.

Când alaiul ajunse în dreptul lui Alice, toți se opriră și se uitară la ea. Regina spuse sever, „Cine e aceasta?" către Valetul de Inimă Roșie, care răspunse doar făcând o plecăciune și zâmbind.

„Idiotule!" spuse Regina, dându-și capul pe spate nerăbdătoare, și, întorcându-se către Alice, continuă „Cum te numești, copilă?"

„Mă numesc Alice, cu voia Majestății Voastre," spuse Alice foarte politicos, dar, adăugă pentru ea „Ei bine, sunt doar un pachet de cărți în fond și la urma urmei. Nu trebuie să îmi fie frică de ei!"

„Și *aceștia* cine sunt?" spuse Regina, arătând către cei trei grădinari care stăteau întinși în jurul trandafirului, căci, vezi, fiind cu fața în jos și având același model pe spate ca și tot pachetul, nu putea ști dacă sunt grădinari, sau soldați, sau curteni, sau trei dintre proprii copii.

„De unde să știu?" spuse Alice, surprinsă de propriul curaj. „Nu e treaba *mea*."

Regina se înroși de furie și, după ce se uită la ea pentru un moment ca o fiară sălbatică, începu să urle „Tăiați-i capul! Tăiați-i—"

„Prostii!" spuse Alice, foarte tare și hotărât, și Regina tăcu.

Regele își puse mâna pe brațul acesteia și îi spuse timid „Gândește-te, draga mea, e doar o copilă!"

Regina plecă nervoasă de lângă el și îi spuse Valetului „Întoarce-i!"

Zis și făcut. Valetul îi întoarse, cu mare grijă, cu un picior.

„Ridicați-vă!" spuse Regina pe o voce stridentă și tare, iar cei trei grădinari săriră în sus pe loc, închinându-se Regelui, Reginei, copiilor și celorlalți.

„Terminați!" țipă Regina. „Mă amețiți." Întorcându-se apoi către trandafirul roșu, continuă „Ce făceați aici?"

„Cu voia Majestății Voastre," spuse Doiarul, foarte umil, îngenunchind cu un picior, în timp ce vorbea, „încercam—"

„Îmi dau seama!" spuse Regina, care între timp se uitase la trandafiri. „Tăiați-le capetele!" și alaiul merse mai departe, lăsând în urmă trei soldați ca să-i execute pe nefericiții grădinari, care fugiră la Alice să-i protejeze.

„Nu veți fi decapitați!" spuse Alice și îi puse într-un ghiveci mare din apropiere. Cei trei soldați îi căutară câteva clipe și apoi, în liniște, îi urmară pe ceilalți.

„Le-ați tăiat capetele?" țipă Regina.

„Nu mai au capete, facă-se voia Majestății Voastre!" țipară soldații înapoi.

„Perfect!" țipă Regina. „Știi să joci croquet?"

Soldații tăcură și se uitară la Alice, întrebarea fiindu-i evident adresată ei.

„Da!" țipă Alice.

„Haide, atunci!" urlă Regina și Alice se alătură alaiului, întrebându-se oare ce va urma.

„Este—este o zi foarte frumoasă!" spuse o voce timidă de lângă ea. Mergea lângă Iepurele Alb, care se uita nervos la fața ei cu coada ochiului.

„Foarte," spuse Alice. „Unde e Ducesa?"

„St! St!" spuse Iepurele încet și grăbit. Se uită neliniștit peste umăr în timp ce vorbea și apoi se ridică pe vârfuri, își apropie gura de urechea ei și îi șopti „Este condamnată la moarte."

„Pentru ce?" spuse Alice.

„Ai spus «Ce păcat?»" întrebă Iepurele.

„Nu, nu am spus asta," spuse Alice. „Nu cred deloc că e păcat. Am spus «Pentru ce?»"

„I-a tras o palmă Reginei—" începu Iepurele. Alice izbucni ușor în râs. „Ah, liniște!" șopti Iepurele pe un ton speriat. „Te va auzi Regina! Vezi, a ajuns cam târziu și Regina îi spuse—"

„Toată lumea la locul său!" țipă Regina cu o voce de tunet, începând cu toții să alerge în toate direcțiile, căzând unii peste alții. Totuși, se așezară într-o clipă și începură partida.

Alice se gândi că nu mai văzuse niciodată un teren de croquet așa de ciudat; era plin de ridicături și șanțuri, găurile de croquet erau arici vii, iar ciocanele de lemn flamingi vii. Soldații trebuiau să se plieze în două și să stea în mâini și picioare pentru a forma arcurile.

La început, cel mai greu i se păru lui Alice să se descurce cu flamingo ei. Reușise să pună bine corpul, destul de confortabil, sub braț, cu picioarele atârnând, dar, imediat ce îi punea gâtul întins frumos și urma să îi dea ariciului o lovitură cu capul flamingului, acesta se răsucea și se uita la ea, cu o expresie așa de nedumerită încât nu reușea să nu izbucnească în râs. Când îi punea capul jos și urma să înceapă din nou, era foarte enervant să vadă că ariciul nu mai stătea strâns, ci se pregătea să plece. Pe lângă toate astea, exista fie o ridicătură, fie un șanț oriunde dorea să trimită ariciul. Cum soldații pe post de arcuri se tot ridicau și mergeau altundeva pe teren, Alice ajunse repede la concluzia că era într-adevăr un joc foarte complicat.

Toți jucătorii jucau deodată, fără să își aștepte rândul, certându-se tot timpul și ciondănindu-se din cauza aricilor.

Într-un timp foarte scurt, Regina se înfurie şi începu să bată din picior, zbierând „Tăiaţi-i capul!" la fiecare minut.

Alice începu să fie foarte neliniştită. Desigur, până acum nu avusese vreo dispută cu Regina, dar ştia că se poate întâmpla oricând, „şi atunci," se gândi, „ce se va întâmpla cu mine? Le place foarte mult să decapiteze oameni pe aici, mare minune că mai e cineva în viaţă!"

Căută în jur vreo modalitatea de a fugi şi se întrebă dacă putea pleca fără să fie văzută, când observă o prezenţă ciudată. La început, fu foarte nedumerită, dar după ce se uită câteva minute, desluşi un rânjet şi îşi spuse „E Pisica de Cheshire, acum am cu cine vorbi."

„Cum merge?" spuse Pisica, imediat ce avu gură cu ce să vorbească. Alice aşteptă până ce îi apărură ochii şi apoi dădu din cap.

„Nu are rost să vorbesc cu ea," se gândi, „până ce nu îi apar și urechile sau măcar una din ele." În următoarea clipă, îi apăru tot capul și atunci Alice își lăsă jos flamingul și începu să îi povestească despre partidă, fiind foarte bucuroasă că avea cine să o asculte. Pisica crezu că apăruse suficient din ea, așa că rămase așa, fără să-și mai arate și restul corpului.

„Nu cred că joacă deloc corect," începu Alice, oarecum nemulțumită, „și toți se ceartă așa de îngrozitor că nu te auzi vorbind—și nu par să existe reguli, cel puțin dacă sunt, nimeni nu ține cont de ele—și nu știi cât e de confuz că toate sunt vii. De exemplu, iată arcul prin care trebuie să trec mai departe cum merge la celălalt capăt al terenului—și tocmai acum trebuia să fi dat în ariciul Reginei, dar a fugit când l-a văzut pe al meu!"

„Îți place Regina?" spuse Pisica încet.

„Deloc," spuse Alice. „Este atât de—" Tocmai atunci observă că Regina era aproape de ea, în spate, ascultând, așa că merse mai departe „—aproape de a câștiga, că nu prea mai are rost ca partida să continue."

Regina zâmbi și merse mai departe.

„Cu cine vorbești?" spuse Regele, venind lângă Alice și uitându-se foarte curios la capul Pisicii.

„E o prietenă de-a mea—o Pisică de Cheshire," spuse Alice, „permiteți-mi să v-o prezint."

„Nu-mi place deloc cum arată," spuse Regele, „dar poate să-mi pupe mâna dacă dorește."

„Mai bine nu," remarcă Pisica.

„Nu fi impertinentă," spuse Regele, „și nu te uita așa la mine!" Se puse în spatele lui Alice în timp ce vorbea.

„O pisică se poate uita la un rege," spuse Alice. „Am citit asta într-o carte, dar nu îmi aduc aminte în care."

„Ei bine, trebuie să dispară," spuse Regele foarte hotărât. O chemă pe Regină, care trecea pe acolo, „Draga mea! Vreau să faci pisica să dispară!"

Regina cunoştea o singură modalitate de a rezolva orice problemă, oricât de mare sau de mică. „Tăiaţi-i capul!" spuse ea, fără măcar să se uite în jur.

„O să pregătesc execuţia eu personal," spuse Regele nerăbdător şi plecă grăbit.

Alice se gândi că s-ar putea întoarce să vadă ce se mai întâmplă cu partida, auzind vocea Reginei în depărtare ţipând cu tărie. O auzise deja condamnând trei jucători la moarte pentru că îşi pierduseră rândul şi nu îi plăcea deloc cum arătau lucrurile, partida fiind aşa de întortocheată că nu ştia niciodată când e rândul ei. Astfel, plecă să îşi caute ariciul.

Ariciul se lupta cu un alt arici, ceea ce îi păru lui Alice o oportunitate excelentă de a-i lovi unul de altul. Singura dificultate era că flamingul ei se dusese în cealaltă parte a grădinii, unde Alice observă că încerca oarecum disperat să zboare într-un copac.

Până ce prinse flamingul şi-l aduse înapoi, lupta se terminase şi amândoi arici dispăruseră. „Dar nu prea contează," se gândi Alice, „căci toate arcurile au dispărut din această parte de teren." Aşa că îl băgă sub braţ, ca să nu mai poată scăpa, şi se întoarse să mai vorbească puţin cu prietena ei.

Când ajunse înapoi la Pisica de Cheshire, fu surprinsă să găsească o mare mulţime adunată în jurul ei. Călăul, Regele şi Regina se certau, vorbind deodată, în timp ce ceilalţi erau foarte tăcuţi şi păreau tare neliniştiţi.

Când apăru Alice, fu rugată de toţi trei să rezolve chestiunea, aceştia repetându-i argumentele. Cum toţi vorbeau deodată, îi fu foarte greu să înţeleagă ce spuneau mai exact.

Argumentul călăului era că nu poți tăia un cap dacă nu există un corp din care să-l tai, că nu a mai făcut așa ceva și că nu va începe acum.

Argumentul Regelui era că tot ceea ce avea cap putea fi decapitat și că nu avea rost să vorbești prostii.

Argumentul Reginei era că, dacă nu se rezolva cumva situația imediat, va pune să fie executată toată lumea. (Această ultimă frază a fost cea care a făcut întreaga mulțime să arate așa de serioasă și agitată.)

Alice nu se gândi să spună altceva decât „E a Ducesei, mai bine o întrebați pe ea despre Pisică.”

„Este la închisoare,” Regina îi spuse călăului, „adu-o aici.” Și călăul se duse ca o săgeată.

Capul Pisicii începu să dispară în clipa în care acesta plecă și, până când se întoarse cu Ducesa, dispăruse de tot. Astfel, Regele și călăul alergară disperați de colo-n colo să o găsească, în timp ce restul lumii se întoarse la partidă.

CAPITOLUL IX

Povestea
Falsei Broaşte-Ţestoase

„Nu ştii cât de bucuroasă sunt să te văd din nou, draga mea!" spuse Ducesa, în timp ce o luă afectuos pe Alice de braţ şi merseră împreună.

Alice se bucură să o vadă într-o dispoziţie aşa de bună şi se gândi că poate fusese agitată când o întâlnise prima dată în bucătărie din cauza piperului.

„Când voi fi Ducesă," îşi spuse (totuşi, nu foarte încrezătoare), „nu voi avea piper deloc în bucătărie. Supa e bună şi fără el—Poate e mereu piperul cel care îi face pe oameni nervoşi," continuă, foarte mulţumită că descoperise o nouă regulă, „şi oţetul îi face acrii—şi muşeţelul amari—şi—şi bomboanele şi alte lucruri asemănătoare fac copiii dulci. Mi-aş dori ca oamenii să ştie asta. Ştii, atunci nu ar mai fi aşa de zgârciţi—"

Uitase deja de Ducesă şi tresări puţin când îi auzi vocea aproape de ureche. „Te gândeşti la ceva, draga mea, şi asta te face să uiţi să vorbeşti. Nu pot să-ţi zic acum care e morala acestui lucru, dar îmi voi aduce aminte într-o secundă.”

„Poate nu are una,” îndrăzni Alice să răspundă.

„Ţî-ţî, copilo!,” spuse Ducesa. „Orice are morală, dacă o găseşti,” apropiindu-se de Alice în timp ce vorbea.

Lui Alice nu îi prea plăcea că Ducesa stătea aşa de aproape de ea. În primul rând, pentru că era foarte urâtă, şi apoi, pentru că avea statura exactă pentru a-şi înfige bărbia ascuţită şi inconfortabilă în umărul ei. Totuşi, nu îi plăcea să fie nepoliticoasă, aşa că rezistă cât de bine putu.

„Partida se desfăşoară mai bine acum,” spuse, ca să facă puţină conversaţie.

„Așa e," spuse Ducesa, „și morala acestui fapt este—«Ah, dragostea este, dragostea este cea care face pământul să se învârtă!»"

„Spuse cineva," șopti Alice, „că se învârte prin faptul că toți își văd de treaba lor!"

„Ei bine! Înseamnă cam același lucru," spuse Ducesa, înfigându-și bărbia mică și ascuțită în umărul lui Alice, în timp ce adăugă „și morala *acestui* lucru e—«Ai grijă de sens, căci sunetele se descurcă singure»."

„Ce-i mai place să găsească morala la tot!" gândi Alice.

„Presupun că te întrebi de ce nu îmi pun brațul în jurul mijlocului tău," spuse Ducesa, după o pauză. „Motivul e că am dubii în privința temperamentului flamingului tău. Să încerc?"

„Poate mușcă," răspunse Alice cu grijă, nefiind deloc dornică să vadă.

„Așa e," spuse Ducesa. „Flamingul și muștarul, amândouă mușcă. Și morala e—«Cine se aseamănă se adună»."

„Doar că muștarul nu e o pasăre," remarcă Alice.

„Corect, ca de obicei," spuse Ducesa, „cum spui tu lucrurilor pe nume!"

„Cred că e un mineral," spuse Alice.

„Așa e," spuse Ducesa, care părea dispusă să încuviințeze orice spunea Alice. „Există o mină de muștar în apropiere. Și morala este—«Cu cât am eu mai mult, cu atât ai tu mai puțin»."

„Ah, știu!" exclamă Alice, care nu fusese atentă la ultima remarcă. „E o legumă. Nu arată, dar este."

„Sunt complet de acord cu tine," spuse Ducesa. „Și morala este—«Fii ceea ce ai părea că ești»—sau, dacă vrei, mai simplu—«Nu te imagina să fii altcumva decât apari celorlalți că ești sau ceea ce ai putut fi nu e altceva decât ceea ce ai fost părându-le că ești altcumva»."

„Cred că aş înţelege mai bine,” spuse Alice foarte politicos, „dacă ar fi scris. Aşa nu vă prea pot urmări.”

„Asta e nimic pe lângă ce aş putea spune dacă aş vrea,” răspunse Ducesa, mulţumită.

„Vă rog să nu vă deranjaţi să spuneţi mai mult de atât,” spuse Alice.

„Ah, nu vorbi de deranj!” spuse Ducesa. „Îţi fac cadou tot ce am spus până acum.”

„Un cadou ieftin!” gândi Alice. „Mă bucur că oamenii nu fac astfel de cadouri cu ocazia zilelor de naştere!” Dar nu îndrăzni să spună cu voce tare.

„Iar te gândeşti la ceva?” întrebă Ducesa şi îşi înfipse din nou mica-i bărbie ascuţită.

„Am dreptul să gândesc,” spuse Alice aspru, căci începu să se îngrijoreze puţin.

„Acelaşi drept pe care,” spuse Ducesa, „îl au porcii să zboare şi m—”

Dar aici, spre marea uimire a lui Alice, vocea Ducesei se stinse chiar în mijlocul cuvântului ei preferat „morală” şi braţul începu să-i tremure. Alice se uită în sus şi o văzu pe Regină stând în faţa lor, cu braţele încrucişate, încruntându-se foarte tare.

„Ce zi frumoasă, Majestate!” începu Ducesa pe o voce joasă şi slabă.

„Acum te avertizez sincer,” zbieră Regina, bătând cu piciorul în pământ în timp ce vorbea, „fie dispari tu sau dispare capul tău, şi asta imediat! Alege!”

Ducesa alese şi plecă numaidecât.

„Să continuăm partida,” îi spuse Regina lui Alice. Lui Alice îi era prea frică să spună ceva, dar o urmă încet înapoi pe terenul de croquet.

Ceilalţi oaspeţi profitară de absenţa Reginei, odihnindu-se la umbră. Dar, când o văzură, se grăbiră înapoi la partidă,

Regina abia remarcând că o clipă de întârziere i-ar fi costat viața.

Tot timpul partidei, Regina nu avu un moment în care să nu se certe cu ceilalți jucători și să nu strige „Tăiați-i capul!" Cei pe care îi condamna erau duși la închisoare de soldați, care desigur că trebuiau să renunțe la partidă și la rolul de arcuri ca să facă asta. Astfel, după vreo jumătate de oră, nu mai era niciun arc și toți jucătorii, în afară de Rege, Regină și Alice, erau la închisoare, condamnați la moarte.

În cele din urmă, Regina termină partida, aproape fără răsuflare, și îi spuse lui Alice „Ai văzut-o deja pe Falsa Broască-Țestoasă?"

„Nu," spuse Alice. „Nici măcar nu știu ce e aia o Falsă Broască-Țestoasă."

„Este chestia din care se face supa de Falsă Broască-Țestoasă," spuse Regina.

„Nu am văzut niciodată una și nici nu am auzit de ea," spuse Alice.

„Haide, atunci," spuse Regina, „și o să îți spună povestea ei."

În timp ce se îndepărtau împreună, Alice îl auzise pe Rege spunând încet, mulțimii în general, „Sunteți cu toții grațiați."

„Haide, *ăsta* e un lucru bun!" își spuse, căci era foarte nefericită datorită numărului mare de execuții ordonat de Regină.

După câteva clipe, dădură de un Grifon, care dormea dus la soare. (Dacă nu știi ce e un Grifon, uită-te la poză.) „Trezește-te, leneșule!" spuse Regina, „și du-o pe domnișoara asta să vadă Falsa Broască-Țestoasă și să-i audă povestea. Eu trebuie să mă întorc și să mă ocup de niște execuții." Regina plecă și o lăsă pe Alice singură cu Grifonul. Lui Alice nu îi prea plăcea cum arăta făptura, dar, per

ansamblu, se gândi că e la fel de sigur să stea cu ea cum e să
meargă cu Regina cea crudă. Astfel că aşteptă.

Grifonul se ridică şi se frecă la ochi. Apoi, se uită după
Regină până când aceasta dispăruse şi chicoti. „Ce hazlie!”
spuse Grifonul, jumătate lui, jumătate lui Alice.

„Cine e hazlie?” spuse Alice.

„Păi, *ea*,” spuse Grifonul. „Sunt doar toane. Ştii, nu
execută niciodată pe nimeni. Haide!”

„Toată lumea spune «haide!» aici,” gândi Alice, în timp ce
mergea încet după el. „Nu mi s-a ordonat niciodată atât, în
toată viaţa mea, niciodată!”

Nu merseră mult până ce văzură în depărtare Falsa
Broască-Ţestoasă, stând tristă şi singură pe o bucăţică de
stâncă. Cum se apropiară, Alice putu să o audă cum suspina
de parcă i se rupea inima. Îi părea tare rău de ea. „De ce
suferă?” l-a întrebat pe Grifon. Acesta i-a răspuns, aproape
în aceleaşi cuvinte ca mai devreme, „Sunt doar toane. Ştii, nu
suferă de nimic. Haide!”

Astfel, se urcară la Falsa Broască-Țestoasă, care se uită la ei cu ochi mari și plini de lacrimi, fără să spună ceva.

„Domnișoara de față," spuse Grifonul, „chiar vrea să îți știe povestea."

„I-o spun," spuse Falsa Broască-Țestoasă, pe un ton grav și sec. „Luați loc amândoi și nu vorbiți deloc până ce nu termin."

Așa că se așezară și nimeni nu vorbi nimic preț de câteva minute. Alice se gândi „Nu înțeleg cum va putea termina vreodată, dacă nici măcar nu a început." Dar, așteptă răbdătoare.

„Odată,” spuse Falsa Broască-Ţestoasă, cu un suspin adânc, „am fost o Broască Ţestoasă adevărată.”

Aceste cuvinte fură urmate de o linişte foarte lungă, întreruptă doar de o exclamaţie ocazională a Grifonului „Hjckrrh!” şi continuul suspin adânc al Falsei Broaşte-Ţestoase. Alice era pe punctul de a se ridica şi a spune „Mulţumesc frumos pentru povestea interesantă,” dar nu putea să nu creadă că mai urmează ceva, aşa că, stătu nemişcată şi nu spuse nimic.

„Când eram mici,” continuă Falsa Broască-Ţestoasă în cele din urmă, mai calmă, dar încă suspinând din când în când, „mergeam la şcoală în mare. Profesoara noastră era o Broască-Ţestoasă în vârstă—obişnuiam să îi spunem Predătoarea—”

„De ce îi spuneaţi Predătoarea?” întrebă Alice.

„Îi spuneam Predătoarea pentru că ne preda,” spuse Falsa Broască-Ţestoasă nervoasă. „Chiar eşti prostuţă!”

„Ar trebui să-ţi fie ruşine că ai pus o întrebare ce are un răspuns atât de evident,” adăugă Grifonul. Amândoi rămaseră tăcuţi şi se uitară la săraca Alice, căreia îi venea să intre în pământ. În cele din urmă, Grifonul îi spuse Falsei Broaşte-Ţestoase „Continuă, dragă prietenă! Nu o lungi toată ziua!” şi continuă astfel:—

„Da, mergeam la şcoală în mare, chiar dacă nu îţi vine a crede—”

„Nu am spus niciodată că nu cred!” întrerupse Alice.

„Ba da ai spus,” spuse Falsa Broască-Ţestoasă.

„Ţine-ţi gura!” adăugă Grifonul înainte ca Alice să poată vorbi din nou. Falsa Broască-Ţestoasă continuă.

„Am avut parte de cea mai bună pregătire—de fapt, mergeam la şcoală în fiecare zi—”

„Şi eu am fost la şcoală,” spuse Alice. „Nu trebuie să fii chiar aşa de încrezută.”

„Şi făceaţi şi ore suplimentare?" întrebă Falsa Broască-Ţestoasă, puţin nerăbdătoare.

„Da," spuse Alice. „Făceam franceză şi muzică."

„Şi spălat?" spuse Falsa Broască-Ţestoasă.

„Desigur că nu!" spuse Alice indignată.

„Ah! Atunci şcoala ta nu era o şcoală chiar aşa de bună," spuse Falsa Broască-Ţestoasă foarte uşurată. „A noastră oferea şi ore suplimentare—franceză, muzică şi spălat."

„Nu cred că aveai aşa de mare nevoie," spuse Alice, „ţinând cont că trăieşti pe fundul mării."

„Nu mi-am permis să merg," spuse Falsa Broască-Ţestoasă oftând. „Am mers doar la orele obişnuite."

„Care erau alea?" întrebă Alice.

„Pentru început, cotitul şi surâsul, desigur," răspunse Falsa Broască-Ţestoasă; „şi apoi, diferitele ramuri ale aritmeticii—adularea, scăldarea, înmulţimea şi împăcarea."

„Nu am auzit niciodată de «înmulţime»," îndrăzni Alice să spună. „Ce e?"

Grifonul îşi ridicase ambele labe surprins. „Nu ai auzit niciodată de înmulţime!" exclamă. „Presupun că ştii ce înseamnă a împuţina."

„Da," spuse Alice nesigură. „Înseamnă—să—faci—orice—mai puţin."

„Ei bine, atunci," continuă Grifonul, „dacă nu ştii ce înseamnă a înmulţimi, eşti o prostuţă."

Alice nu s-a simţit încurajată să mai pună alte întrebări legate de asta, aşa că se întoarse către Falsa Broască-Ţestoasă şi îi spuse „Ce altceva mai învăţai?"

„Păi, învăţam isteria," răspunse Falsa Broască-Ţestoasă, numărând materiile pe înotătoare—„isteria antică şi modernă, mareografia, apoi destinul—profesorul era o anghilă uriaşă, care obişnuia să vină o dată pe săptămână. Ne preda destinul, scârţâiala şi picatul în roluri."

„Cum vine *asta*?" spuse Alice.

„Eu nu pot să-ți arăt," spuse Falsa Broască-Țestoasă. „Sunt prea rigidă, iar Grifonul nu l-a învățat niciodată."

„Nu am avut timp," spuse Grifonul. „Am fost totuși la profesorul de clasică. Era un crab bătrân, tare bătrân."

„Nu am fost niciodată la el," spuse Falsa Broască-Țestoasă oftând. „Se spune că preda datina și traca."

„Așa e, așa e," spuse Grifonul, oftând la rândul său, și ambele făpturi își ascunseră fața în labe.

„Și cât durau lecțiile pe zi?" spuse Alice, grăbită să schimbe subiectul.

„Zece ore în prima zi," spuse Falsa Broască-Țestoasă, „nouă în următoarea, și tot așa."

„Ce program ciudat!" exclamă Alice.

„Din acest motiv se numește durata lecțiilor," remarcă Grifonul, „pentru că durează tot mai puțin de la o zi la alta."

Acesta era un lucru nou pentru Alice și se gândi puțin până să vorbească din nou. „Atunci a unsprezecea zi trebuia să fie liberă?"

„Desigur," spuse Falsa Broască-Țestoasă.

„Și ce făceați în a douăsprezecea?" continuă Alice nerăbdătoare.

„Ajunge cu lecțiile," întrerupse Grifonul foarte hotărât. „Spune-i ceva și despre orele de educație fizică."

CAPITOLUL X

Cadrilul homarului

Falsa Broască-Țestoasă oftă adânc și își duse dosul unei înotătoare peste ochi. Se uită la Alice și încercă să vorbească, dar, pentru câteva clipe, suspinele îi înecau vocea. „Ca și când ar avea un os în gât," spuse Grifonul și se puse să o scuture și să o bată pe spate. În cele din urmă, Falsa Broască-Țestoasă își recuperă vocea, și, cu lacrimi pe obraji, continuă:—

„Poate nu ai locuit mult în mare—" („Nu am locuit deloc," spuse Alice) „—și poate nu ți s-a făcut niciodată cunoștință cu un homar—" (Alice începu să spună „Am gustat o dată—" dar se controlă în grabă și spuse „Nu, niciodată") „—așa că nu ai de unde să știi ce încântător este cadrilul homarului!"

„Într-adevăr, așa e," spuse Alice. „Ce fel de dans e?"

„Păi," spuse Grifonul, „prima dată formezi un rând de-a lungul țărmului mării—"

„Două rânduri!" strigă Falsa Broască-Țestoasă. „Foci, broaște-țestoase, somoni, și tot așa. Mai apoi, după ce cureți toate meduzele din cale—"

„*Asta* ia de obicei ceva timp,” întrerupse Grifonul.

„—mergi în faţă de două ori—”

„Fiecare cu un homar ca şi partener!” strigă Grifonul.

„Desigur,” spuse Falsa Broască-Ţestoasă, „mergi în faţă de două ori, te opreşti cu faţa la partener, sari pe un picior, apoi pe celălalt—”

„—schimbi homarii şi te întorci în aceeaşi ordine,” continuă Grifonul.

„Apoi, ştii,” continuă Falsa Broască-Ţestoasă, „arunci—”

„Homarii!” urlă Grifonul, săltând în aer.

„—atât de departe în largul mării cât poţi—”

„Înoţi după ei!” zbieră Grifonul.

„Faci o tumbă în mare!” strigă Falsa Broască-Ţestoasă, ţopăind sălbatic în jur.

„Schimbi homarii din nou!” urlă Grifonul cât putu de tare.

„Te întorci iar pe uscat, şi—asta e prima figură,” spuse Falsa Broască-Ţestoasă, coborându-şi brusc vocea. Cele două făpturi, care săriră ici colo ca nebunele în tot acest timp, se aşezară din nou foarte triste şi tăcute şi se uitară la Alice.

„Trebuie să fie un dans tare drăguţ,” spuse Alice timid.

„Ai vrea să vezi puţin din el?” spuse Falsa Broască-Ţestoasă.

„Da, chiar tare mult,” spuse Alice.

„Haide, vino să încercăm prima figură!” spuse Falsa Broască-Ţestoasă Grifonului. „Ştii, putem să-l dansăm fără homari. Care dintre noi va cânta?”

„Ah, cânţi *tu*,” spuse Grifonul. „Eu am uitat cuvintele.”

Aşa că începură să danseze învârtindu-se în jurul lui Alice, din când în când călcând-o pe degete, atunci când treceau prea aproape, şi mişcându-şi labele din faţă pentru a bate măsura, în timp ce Falsa Broască-Ţestoasă cânta aşa, foarte încet şi trist:—

Codul spuse către melc „Nu ai vrea să mergi mai tare?
Un marsuin vine din spate și mă calcă în picioare.
Homarii și broaștele-țestoase nerăbdători deodată avansează
Și așteaptă pe prundiș—haide vino de dansează!
  Dansezi, nu dansezi, dansezi, nu dansezi, haide vino de
    dansează!
  Dansezi, nu dansezi, dansezi, nu dansezi, haide vino de
    dansează!

„Cât de plăcut va fi nu ai de unde să ştii,
În sus ne ridică şi în mare ne aruncă cu homarii!"
„Prea departe, prea departe!" spuse melcul în timp ce
avansa
Îi mulţumeşte codului, dar el nu va dansa.
Nu vrea, nu poate, nu vrea, nu poate, nu va dansa.
Nu vrea, nu poate, nu vrea, nu poate, nu va dansa.

Prietenul solzos îi spuse „Şi ce-are dacă e departe?
După cum ştii, mai este un mal de cealaltă parte.
Cu cât mai departe de casă cu atât mai mare avansul
Aşa că, dragule, nu te speria, ci permite-mi dansul.
Spune da, spune nu, permite-mi dansul.
Spune da, spune nu, permite-mi dansul.

„Vă mulţumesc, e un dans foarte interesant de privit," spuse Alice, fiind foarte bucuroasă că se terminase în cele din urmă, „şi chiar mi-a plăcut cântecul despre cod!"

„Ah, cât despre cod," spuse Falsa Broască-Ţestoasă, „ei—ai văzut un astfel de peşte, nu?"

„Da," spuse Alice, „îl văd des la cin—" şi se controlă grăbită.

„Nu ştiu unde poate fi Cin," spuse Falsa Broască-Ţestoasă, „dar, dacă l-ai văzut aşa de des, sigur ştii cum arată?"

„Cred că da," răspunse Alice cu grijă. „Are coada în gură—şi stă pe fărâmituri."

„Te înşeli în legătură cu fărâmiturile," spuse Falsa Broască-Ţestoasă, „acestea s-ar spăla de pe el în mare. Dar, are într-adevăr coada în gură şi motivul pentru asta—". Aici, Falsa Broască-Ţestoasă căscă şi îşi închise ochii. „Spune-i motivul şi toate cele," îi spuse Grifonului.

„Motivul este," spuse Grifonul, „că s-a dus cu homarii să danseze. Aşa că a fost aruncat în mare. Aşa că a căzut mult. Aşa că şi-a băgat coada în gură ca să nu mai poate fi luat şi aruncat din nou. Asta e tot."

„Mulțumesc," spuse Alice, „e foarte interesant. Nu am știu atât de multe despre cod."

„Pot să îți spun mai multe, dacă vrei," spuse Grifonul. „Știi de ce se numește cod?"

„Nu m-am gândit niciodată la asta," spuse Alice. „De ce?"

„El a stabilit codul bunelor maniere de a avea mereu cizmele și pantofii curați," răspunse Grifonul pe un ton foarte solemn.

Alice era foarte nedumerită. „Codul bunelor maniere de a avea mereu cizmele și pantofii curați?" repetă uimită.

„Păi, pantofii tăi sunt curați?" spuse Grifonul. „Vreau să zic, trebuie să fie mereu curați și strălucitori?"

Alice se uită în jos la ei și reflectă puțin înainte de a răspunde. „Cred că da, din moment ce ai mei sunt făcuți cu cremă de ghete."

„În mare, cizmele și pantofii," continuă Grifonul cu o voce gravă, „trebuie să fie curați datorită codului bunelor maniere. Acum știi."

„Și din ce sunt făcuți cizmele și pantofii?" întrebă Alice foarte curioasă.

„Din piele de calcan și țipar," răspunse Grifonul, destul de nerăbdător. „Oricine știe asta."

„Dacă aș fi fost în locul codului," spuse Alice, ale cărui gânduri încă erau ocupate cu cântecul, „i-aș fi spus marsui-nului «Stai acolo, te rugăm! Nu te vrem cu noi!»"

„Erau obligați să-l ia cu ei," spuse Falsa Broască-Țestoasă. „Niciun pește deștept nu ar merge nicăieri fără un marsuin."

„Chiar așa?" spuse Alice, foarte surprinsă.

„Sigur că da," spuse Falsa Broască-Țestoasă. „Păi, dacă un pește ar veni la mine și mi-ar spune că pleacă într-o călătorie, i-aș spune «Cu ce marsuin?»"

„Vrei să spui «cu ce motiv»?" spuse Alice.

„Vreau să spun ce spun," răspunse Falsa Broască-Ţestoasă, ofensată. Iar Grifonul adăugă „Hai să auzim câteva dintre aventurile tale."

„Aş putea să vă spun aventurile mele—începând de azi dimineaţă," spuse Alice puţin timidă, „nu are rost să încep cu ieri, căci atunci eram altă persoană."

„Explică asta," spuse Falsa Broască-Ţestoasă.

„Nu, nu! Prima dată aventurile," spuse Grifonul nerăbdător, „explicaţiile iau îngrozitor de mult timp."

Aşa că Alice începu să le spună aventurile ei din momentul când îl văzuse prima dată pe Iepurele Alb. Fu puţin emoţionată la început, cele două făpturi apropiindu-se foarte tare de ea, fiecare pe o parte, cu ochii şi gura larg deschise, dar căpătă curaj în timp ce merse mai departe. Ascultătorii ei fuseseră foarte tăcuţi până ajunse la partea cu recitatul anapoda al poeziei *„Eşti bătrân, tată Will"* Omizii. Atunci, Falsa Broască-Ţestoasă respiră adânc şi spuse „Asta este foarte ciudat!"

„Este pe cât se poate de ciudat," spuse Grifonul.

„L-a spus anapoda," repetă Falsa Broască-Ţestoasă atentă. „Mi-ar plăcea să o aud încercând şi recitând ceva acum. Spune-i să înceapă." Se uită la Grifon ca şi cum credea că acesta are o oarecare autoritate asupra lui Alice.

„Ridică-te şi recită *«Aceasta este vocea leneşului»*," spuse Grifonul.

„Cum îmi mai comandă făpturile astea şi mă pun să şi repet lecţii!" se gândi Alice. „Aş putea la fel de bine să fiu la şcoală." Totuşi, se ridică şi începu să recite, dar mintea îi stătea la Cadrilul Homarului, aşa că abia ştia ce spune, cuvinte ieşindu-i cu totul anapoda:—

„*Aceasta este vocea Homarului, pare tare necăjit:*
«Părul tre' să-mi-ndulcesc, căci m-ai cam prăjit.»
Face cu nasul ca rața cu pleoapele,
Îşi închide nasturii şi-şi mişcă picioarele.
Când nisipul e uscat, se bucură din plin,
Vorbindu-l de rău pe Rechin.
Dar când vine fluxul iară şi rechini apar în jur
Vocea-i devine timidă, nu mai e aşa de dur."

„E diferit faţă de ce obişnuiam eu să spun când eram copil," spuse Grifonul.

„Ei, *eu* nu am mai auzit-o până acum," spuse Falsa Broască-Țestoasă, „dar sună remarcabil de aiurea."

Alice nu spuse nimic. Se așeză cu fața în mâini, întrebându-se dacă vreodată se va mai întâmpla ceva normal.

„Aș vrea să-mi explici," spuse Falsa Broască-Țestoasă.

„Nu poate," spuse Grifonul grăbit. „Continuă cu următoarea strofă."

„Dar cum rămâne cu picioarele lui?" insistă Falsa Broască-Țestoasă. „Știi, cum putea să le miște în timp ce dă din nas?"

„E prima poziție de dans," spuse Alice, dar era îngrozitor de nedumerită de toate astea încât dori să schimbe subiectul.

„Continuă cu următoarea strofă," repetă Grifonul, „începe cu «*Trecui pe lângă grădina lui.*»"

Alice nu îndrăzni să nu dea ascultare, deși era sigură că va fi anapoda. Continuă cu voce tremurândă:—

> *„Trecui pe lângă grădina lui și văzui grăbit*
> *Cum Bufnița și Pantera aveau o plăcintă de împărțit:*
> *Aluatul, sosul și carnea, Pantera primi*
> *În timp ce Bufniței, farfuria îi reveni.*
> *Când plăcinta fu gata, Bufnița, ca și favoare,*
> *Putea să-și bage lingura în buzunare,*
> *În schimb, Pantera primi cuțitul și furculița mârâind*
> *Și termină banchetul cu——"*

„Care e rostul să reciți toate astea," întrerupse Falsa Broască-Țestoasă, „dacă nu explici în timp ce mergi mai departe? Este de departe cel mai neclar lucru pe care l-am auzit vreodată!"

„Da, cred că mai bine încetezi," spuse Grifonul. Alice fu foarte încântată să facă asta.

„Ți-ai dori să vezi o altă figură din Cadrilul Homarului?” continuă Grifonul „sau ai vrea ca Falsa Broască-Țestoasă să-ți cânte altceva?”

„Ah, un cântec, te rog, dacă Falsa Broască-Țestoasă e așa de drăguță,” răspunse Alice așa de nerăbdătoare încât Grifonul spuse, oarecum ofensat, „Hm! Fiecare cu preferințele lui! Cântă-i, te rog, dragă prietenă «Supa de Țestoasă»!”

Falsa Broască-Țestoasă oftă adânc și începu, cu vocea înecată în suspine, să cânte asta:—

> *„În supieră e supa mea frumoasă,*
> *Verde și gustoasă!*
> *Cui nu i-ar plăcea să aibă la masă*
> *La cină așa supă frumoasă?*
> *La cină așa supă frumoasă?*
> > *A—așa su—upă fru—umoasă!*
> > *A—așa su—upă fru—umoasă!*
> *Laa—aa ci—i—ină,*
> > *Așa supă frumoasă, frumoasă!*
>
> *Cine ar alege altceva la masă*
> *În afară de supa mea frumoasă?*
> *Cine nu ar face orice pentru o cină copioasă*
> *Și o farfurie plină de supă frumoasă?*
> *Și o farfurie plină de supă frumoasă?*
> > *A—așa su—upă fru—umoasă!*
> > *A—așa su—upă fru—umoasă!*
> *Laa—aa ci—i—ină,*
> > *Așa supă fru—MOASĂ, FRUMOASĂ!”*

„Refren din nou!” strigă Grifonul, iar Falsa Broască-Țestoasă tocmai începuse să-l spună, când se auzi în depărtare „Începe procesul!”.

„Haide!" strigă Grifonul şi, luând-o pe Alice de mână, se grăbi, nemaiaşteptând finalul cântecului.

„Despre ce proces e vorba?" spuse Alice gâfâind, dar Grifonul răspunse doar „Haide!" şi fugi mai repede, în timp ce se auzeau din ce în ce mai slab, aduse de briza ce îi urmărea, cuvintele melancolice:—

    "Laa—aa ci—i—ină,
        Aşa supă frumoasă, frumoasă!"

CAPITOLUL XI

Cine a furat tartele?

Regele şi Regina de Inimă Roşie stăteau pe tron când aceştia ajunseră, înconjuraţi de o mulţime mare—tot felul de păsări mici şi animale, precum şi tot pachetul de cărţi. Valetul stătea în faţa lor, legat în lanţuri, păzit de câte un soldat pe fiecare parte. Lângă Rege, se afla Iepurele Alb, cu o trompetă într-o mână şi un sul de pergament în cealaltă. Chiar în mijlocul sălii, se găsea o masă, cu o farfurie mare de tarte pe ea. Arătau aşa de bine că lui Alice i se făcuse foame când le văzu—„Vreau să se termine procesul," gândi, „şi să se servească răcoritoarele!" Dar asta nu părea să se întâmple, astfel că începu să se uite la tot ce era în jur ca să treacă timpul.

Alice nu mai fusese până acum într-o sală de judecată, dar citise despre în cărţi. Era foarte mulţumită când văzu că ştie aproape orice din ea. „Acela e judecătorul," îşi spuse „datorită perucii mari."

Apropo, judecătorul era Regele, şi, cum purta coroana peste perucă (uită-te la frontispiciu dacă vrei să vezi cum o purta), nu arăta deloc confortabil şi, sigur, situaţia nu urma să se schimbe.

„Iar aceea e banca juraţilor," se gândi Alice; „şi acele doisprezece făpturi," (vezi, era obligată să zică „făpturi", pentru că unele erau animale, iar altele păsări). „Presupun că sunt juraţii." Îşi spusese acest ultim cuvânt de două trei ori, fiind oarecum mândră de el, căci credea, şi pe bună dreptate, că doar puţine fete de vârsta ei ştiau ce înseamnă toate astea. În orice caz, şi „membrii juriului" ar fi fost bine.

Toţi cei doisprezece juraţi scriau de zori pe tăbliţe. „Ce fac?" îi şopti Alice Grifonului. „Nu au cum să aibă ceva de scris înainte de începerea procesului."

„Îşi scriu numele," şoptise Grifonul, „de frică să nu-l uite înainte de terminarea procesului."

„Prostii!" începu Alice pe un ton tare şi indignat, dar se opri repede, căci Iepurele Alb strigă „Linişte în sală!", iar Regele îşi puse ochelarii şi se uită nerăbdător în jur să vadă cine vorbeşte.

Alice putu vedea, la fel de bine ca şi când s-ar fi uitat peste umerii lor, că toţi juraţii scriau „Prostii!" pe tăbliţele lor. Chiar putu distinge că unul dintre ei nu ştia cum se scrie „prostii" şi îl întrebă pe vecinul său. „Tăbliţele vor fi un adevărat talmeş-balmeş la terminarea procesului!" gândi Alice.

Unul dintre juraţi avea un creion ce scârţâia. Alice, desigur, nu putu suporta aşa ceva, aşa că se duse în jurul sălii până în spatele lui şi i-l luă foarte repete. Se petrecu aşa de repede încât săracul jurat (era Bileţel, guşterul) nu-şi dădu deloc seama ce se întâmplase. După ce îl căută peste tot, fu obligat să scrie cu degetul restul zilei. Asta nu fusese de folos, căci nu lăsa niciun semn pe tăbliţă.

„Crainicule, citeşte acuzaţia!" spuse Regele.

Imediat, Iepurele Alb sună de trei ori din trompetă şi apoi desfăcu sulul pergament. Citi după cum urmează:—

> *„Regina de Inimă Roșie a făcut niște tarte,*
> *Și le-a pus deoparte,*
> *Dar, Valetul de Inimă Roșie le-a furat pe toate*
> *Și le-a dus departe!"*

„Deliberați," spuse Regele juriului.

„Nu încă, nu încă!" întrerupse Iepurele grăbit. „Mai sunt multe lucruri până la acel moment!"

„Cheamă primul martor," spuse Regele, iar Iepurele Alb sună de trei ori din trompetă și strigă „Primul martor!"

Primul martor era Pălărierul. Intrase în sală cu o ceașcă de ceai într-o mână și o bucată de pâine cu unt în cealaltă. „Scuzați-mă, Majestate," începu, „că am intrat cu astea în sală, dar nu mi-am terminat de tot ceaiul când aţi trimis după mine."

„Trebuia să-l fi terminat," spuse Regele. „Când ai început?"

Pălărierul se uită la Iepurele de Martie, care veni cu el în sală, la braţ cu Pârşul. „Cred că pe paisprezece martie," spuse.

„Cincisprezece," spuse Iepurele de Martie.

„Şaisprezece," spuse Pârşul.

„Notaţi asta," spuse Regele juriului, iar juriul notă cu nerăbdare cele trei date pe tăbliţe, apoi le adună şi rezultatul îl transformă în şilingi şi peni.

„Dă-ţi jos pălăria," spuse Regele Pălărierului.

„Nu e a mea," spuse Pălărierul.

„*Furată!*" exclamă Regele, întorcându-se către juriu, care instantaneu realiză un memoriu al faptei.

„O am de vânzare," adăugă Pălărierul ca explicaţie. „Niciuna dintre pălăriile pe care le am nu e pentru mine. Sunt pălărier."

Aici Regina îşi puse ochelarii şi începu să se uite îndelung la Pălărier, care devenise palid şi agitat.

„Depune-ţi mărturia," spuse Regele; „şi nu te teme sau pun să fii executat pe loc."

Asta nu păru să încurajeze martorul deloc; acesta se tot foia de pe un picior pe altul, uitându-se tensionat la Regină şi, de zăpăcit ce era, muşcă o bucată mare din ceaşca de ceai în loc să muşte din pâinea cu unt.

Exact în acel moment, Alice simţi ceva foarte ciudat, ce îi dăduse bătăi de cap o vreme, până ce realiză că începu să crească din nou. Iniţial, se gândi să se ridice şi să plece din sală, dar, cugetând mai bine, hotărî să rămână unde era cât timp mai încăpea.

„Aş vrea să nu mă mai înghesui," spuse Pârşul, care stătea lângă ea. „Abia mai pot respira."

„Nu pot face nimic," spuse Alice foarte împăciuitoare, „cresc."

„Nu ai niciun drept să creşti *aici*," spuse Pârşul.

„Nu vorbi prostii," spuse Alice îndrăzneață, „ştii doar că şi tu creşti."

„Da, dar cresc într-un ritm rezonabil," spuse Pârşul „nu în maniera asta absurdă." Se ridică foarte morocănos şi se duse în partea cealaltă a sălii.

În tot acest timp, Regina continuă să se uite fix la Pălărier şi, tocmai când Pârşul trecu prin sală, îi spuse unuia dintre aprozi „Aduceți-mi lista cântăreților de la ultimul concert!", la care nefericitul Pălărierul tremură aşa de tare încât îi ieşiră din picioare ambii pantofi.

„Depune-ți mărturia," repetă Regele nervos, „sau pun să fii executat, fie că te temi, fie că nu."

„Sunt un biet om, Majestate," începu Pălărierul, pe o voce tremurândă „şi nu îmi începusem ceaiul—în urmă cu nu mai mult de vreo săptămână——şi cum pâinea cu unt devenea tot mai subțire—şi nani, nani—"

„*Care* nani?" spuse Regele.

„*Începe* cu n—" răspunse Pălărierul.

„Normal că nani începe cu N!" spuse Regele tăios. „Crezi că sunt prost? Continuă!"

„Sunt un biet om," continuă Pălărierul, „şi majoritatea lucrurilor fac nani de atunci—doar Iepurele de Martie a spus—"

„Nu am spus!" întrerupse Iepurele de Martie în mare grabă.

„Ba da, ai spus!" spuse Pălărierul.

„Neg asta!" spuse Iepurele de Martie.

„Neagă asta," spuse Regele. „Nu mai spune partea asta."

„Ei bine, oricum, Pârşul spuse—" continuă Pălărierul, uitându-se nerăbdător în jur să vadă dacă şi el va nega, dar Pârşul nu negă nimic căci dormea dus.

„După asta," continuă Pălărierul, „am mai tăiat nişte pâine cu unt—"

„Dar ce a zis Pârşul?" întrebă cineva din juriu.

„Nu pot să-mi amintesc," spuse Pălărierul.

„*Trebuie* să-ţi aminteşti," remarcă Regele „sau pun să te execute."

Bietul Pălărier îşi scăpă ceaşca de ceai şi pâinea cu unt pe jos şi îngenunche. „Sunt un biet om, Majestate," începu Pălărierul.

„Eşti un *foarte* biet *vorbitor*," spuse Regele.

Unul dintre porcuşorii de Guinea aclamă asta şi fu imediat suprimat de aprozi. (Cum acesta este un cuvânt destul de greu, vă voi explica cum se face. Aveau o sacoşă de pânză pe care o legau cu sfoară la gură. Băgară porcuşorul de Guinea înăuntru, cu capul înainte, şi apoi se aşezară pe ea.)

„Mă bucur că am văzut cum se face," gândi Alice. „Am citit aşa de des în ziare, la sfârşitul procesului, «A fost o încercare de a aplauda, dar aceasta fu imediat suprimată de aprozi» şi nu am înţeles ce înseamnă până acum."

„Dacă asta e tot ce ştii, poţi să stai jos," continuă Regele.

„Nu pot mai jos de atât," spuse Pălărierul. „Sunt deja pe podea."

„Atunci poţi să te *aşezi* jos," răspunse Regele.

La asta, celălalt porcuşor de Guinea aclamă şi fu imediat suprimat.

„Ei bine, cu asta s-a încheiat cu porcuşorii de Guinea!" gândi Alice. „Acum ne vom înţelege mai bine."

„Mai degrabă mi-aş termina ceaiul," spuse Pălărierul, uitându-se agitat la Regină, care citea lista cântăreţilor.

„Poţi pleca," spuse Regele, iar Pălărierul părăsi rapid sala, fără nici măcar să mai aştepte să-şi pună pantofii.

„—şi tăiaţi-i capul afară," adăugă Regina unuia dintre aprozi, dar Pălărierul dispăruse înainte ca aprodul să ajungă la uşă.

„Chemaţi următorul martor!" spuse Regele.

Următorul martor era bucătăreasa Ducesei. Ducea cutia cu piper în mână şi Alice ghici cine e chiar înainte ca ea să intre în sală după cum cei de lângă uşă începură brusc să strănute.

„Depune-ţi mărturia," spuse Regele.

„Nu o voi face," spuse bucătăreasa.

Regele se uită nervos la Iepurele Alb, care spuse încet „Majestate, trebuie să interogaţi *acest* martor."

„Ei bine, dacă trebuie, trebuie," spuse Regele melancolic şi, după ce îşi încrucişă braţele şi se încruntă la bucătăreasă până ce aproape că nu i se mai văzură ochii, spuse grav „Din ce sunt făcute tartele?”

„Piper, în mare parte,” spuse bucătăreasa.

„Melasă,” spuse o voce somnoroasă din spatele ei.

„Arestați Pârșul!” țipă Regina. „Decapitați-l! Dați-l afară din sală! Suprimați-l! Ciupiți-l! Tăiați-i mustățile!”

Câteva minute întreaga sală fu într-un haos total, Pârșul fiind dat afară, și, până când lucrurile se liniștiră din nou, bucătăreasa dispăruse.

„Nu mai contează!” spuse Regele foarte ușurat. „Cheamă următorul martor.” Apoi, adăugă încet Reginei „Serios, draga mea, tu trebuie să interoghezi următorul martor. Pe mine chiar mă doare capul!”

Alice se uită la Iepurele Alb în timp ce bâjbâia prin listă, fiind foarte curioasă să vadă cum va fi următorul martor, „—căci nu prea au multe dovezi încă,” își spuse. Închipuiți-vă ce surprinsă fu când Iepurele Alb citi, cu glăsciorul lui ascuțit, numele de „Alice!”

CAPITOLUL XII

Mărturia lui Alice

„Aici!" strigă Alice. Aproape uitând în agitaţia momentului cât de mare crescuse în ultimele minute, se ridică atât de repede că se împiedecă în banca juraţilor cu marginea fustei, răsturnându-i pe toţi peste mulţimea de mai jos. Aceştia rămaseră întinşi acolo, aducându-i aminte de un acvariu cu un peştişor auriu pe care îl răsturnase din greşeală săptămâna trecută.

„Ah, scuzaţi-mă!" exclamă cu stupoare şi începu să îi adune pe cât de repede putu, căci accidentul cu peştişorul auriu i se tot derula în minte, şi ştia oarecum că juraţii trebuie adunaţi cât mai repede şi puşi în bancă sau altfel vor muri.

„Procesul nu poate continua," spuse Regele, foarte serios, „până când toţi juraţii nu sunt din nou la locurile lor—toţi," repetă foarte apăsat, uitându-se lung la Alice în timp ce vorbea.

Alice se uită la banca juraţilor şi văzu că, din grabă, puse Guşterul cu capul în jos, sărmanul dând din coadă trist, incapabil să se mişte. Îl ridică repede din nou şi-l puse cum trebuie. „Nu că ar schimba ceva,” îşi spuse, „cred că, ori cu capul în sus, ori cu el în jos, e la fel de folositor într-un proces.”

Imediat ce juriul îşi revenise puţin din şocul răsturnării şi primise înapoi tăbliţele şi creioanele, se apucă foarte cu zel să scrie despre accident. Excepţie făcu Guşterul, care părea prea copleşit să facă altceva decât să stea jos cu gura deschisă, privind îndelung la tavanul sălii.

„Ce ştii despre acest subiect” îi spuse Regele lui Alice.

„Nimic,” spuse Alice.

„Nimic, *nimic?*” insistă Regele.

„Nimic, nimic,” spuse Alice.

„Asta este foarte important," spuse Regele, întorcându-se către juriu. Tocmai se apucaseră să scrie pe tăblițe, când Iepurele Alb întrerupse. „Neimportant, vreți să spuneți, Majestate," spuse, foarte respectuos, dar încruntându-se și făcând fețe în timp ce vorbea.

„*N*eimportant, vreau să spun, desigur," spuse Regele grăbit și continuă ca pentru el, cu voce joasă „important— neimportant—neimportant—important—" ca și când testa să vadă care cuvânt sună mai bine.

Unii jurați scriseseră „important", alții „neimportant". Alice putu citi asta, căci era destul de aproape să le vadă tăblițele, „dar nu contează câtuși de puțin," gândi.

În acest moment, Regele, care scrisese de zor de o vreme în carnețelul său, strigă „Liniște!" și apoi citi din carte „Regula patruzeci și doi. *Toate persoanele mai înalte de un kilometru jumătate să părăsească sala de judecată.*"

Toată lumea se uită la Alice.

„*Eu* nu am un kilometru," spuse Alice.

„Ai," spuse Regele.

„Aproape doi kilometri," adăugă Regina.

„Ei bine, nu plec, în niciun caz," spuse Alice. „În plus, asta nu e o regulă, tocmai ați inventat-o."

„Este cea mai veche regulă din carte," spuse Regele.

„Atunci trebuia să fie Regula numărul unu," spuse Alice.

Regele deveni palid și își închise carnețelul rapid. „Dați verdictul," spuse juriului cu o voce joasă și tremurândă.

„Vă rog, Majestate, mai există și alte dovezi," spuse Iepurele Alb, sărind foarte grăbit. „Tocmai a fost adusă această hârtie."

„Ce scrie în ea?" spuse Regina.

„Nu am deschis-o încă," spuse Iepurele Alb, „dar pare a fi o scrisoare, scrisă de prizonier—cuiva."

„Trebuie să fi fost asta," spuse Regele, „știi, sau a fost scrisă nimănui, ce nu este frecvent."

„Cui îi este adresată?" spuse unul dintre jurați.

„Nu este adresată deloc," spuse Iepurele Alb. „De fapt, nu este scris nimic pe *exterior*." Desfăcu hârtia în timp ce vorbea și adăugă „Totuși, nu este o scrisoare, ci niște versuri."

„Este scrisul prizonierului?" întrebă unul dintre jurați.

„Nu, nu este," spuse Iepurele Alb „și ăsta este cel mai ciudat lucru." (Întreg juriul rămase nedumerit.)

„Trebuie să fi imitat scrisul altcuiva," spuse Regele. (Juriul se lumină din nou.)

„Vă rog, Majestate," spuse Valetul, „nu le-am scris eu și nu se poate dovedi că am făcut-o, nu este niciun nume la sfârșit."

„Dacă nu te-ai semnat," spuse Regele „situația este și mai rea. *Trebuie* să fi urmărit vreo ticăloșie că altfel ți-ai fi semnat numele ca un om cinstit."

Se auziră aplauze generale. Era primul lucru într-adevăr deștept pe care Regele l-a spus în toată ziua.

„Asta îi *dovedește* vina, desigur," spuse Regina, „așa că, tăiați-i—"

„Nu dovedește absolut nimic!" spuse Alice. „Păi, nici nu știți despre ce e vorba!"

„Citește-o," spuse Regele.

Iepurele Alb își puse ochelarii. „De unde să încep, vă rog, Majestate?" întrebă.

„Începe de la început," spuse Regele, foarte serios, „și continuă până ajungi la sfârșit, apoi oprește-te."

O tăcere monumentală cuprinse sala, în timp ce Iepurele Alb citi următoarele versuri:—

> *„Mi-au spus că ai fost la ea*
> *Și că i-a zis lui despre mine tot*
> *Cum c-aș fi o mare stea*
> *Dar nu prea știu să-not.*

Le-a trimis vorbă că n-am plecat
  (Știm că e adevărat)
Dacă ea ar fi continuat
  Cu tine ce s-ar fi întâmplat?

Una i-am dat ei, el două a primit,
  Tu ne-ai dat vreo trei, țin minte.
Toate de la el la tine au venit,
  Chiar de fură ale mele înainte.

Prinși într-o astfel de chestiune
  Dacă eu sau ea vom fi cumva,
El știe că-i vei elibera fără rebeliune
  Să fie așa cum eram noi cândva.

Eu pe tine te-am văzut
  (Înainte de-a se pierde cu firea)
Ca pe un obstacol greu de trecut
  Între el, noi și toate astea.

Nu-i spune că ți-au plăcut mai bine,
  Căci ăsta trebuie să fie mereu
Un secret între tine și mine,
  Păstrat la bine și la greu."

„Asta e cea mai importantă dovadă pe care am auzit-o până acum," spuse Regele, frecându-și mâinile, „așa că acum să lăsăm juriul—"

„Dacă vreunul dintre jurați poate explica versurile," spuse Alice (crescuse așa de mare în ultimele minute încât nu îi era deloc teamă să-l întrerupă), „îi dau bani. Nu cred că există pic de sens în ele."

Întreg juriul scrise pe tăblițe: „Ea nu crede că există pic de sens în ele," dar niciunul nu încercă să explice versurile.

„Dacă nu au niciun sens," spuse Regele „asta salvează tot, știi, căci nu trebuie să căutăm noi sensul. Şi totuşi, nu ştiu," continuă, desfăcând hârtia pe genunchi şi uitându-se la ea cu un ochi, „Mie mi se pare că, totuşi, văd un sens în ele. «—*dar nu prea ştiu să-not*—» nu ştii, aşa-i?" adăugă, întorcându-se către Valet.

Valetul dădu din cap trist. „Arăt ca şi când aş şti?" spuse. (Ceea ce sigur nu avea cum să ştie, fiind făcut cu totul din carton.)

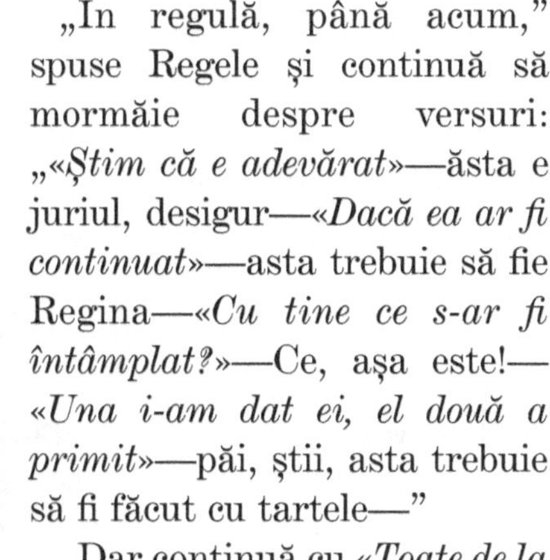

„În regulă, până acum," spuse Regele şi continuă să mormăie despre versuri: „«*Ştim că e adevărat*»—ăsta e juriul, desigur—«*Dacă ea ar fi continuat*»—asta trebuie să fie Regina—«*Cu tine ce s-ar fi întâmplat?*»—Ce, aşa este!—«*Una i-am dat ei, el două a primit*»—păi, ştii, asta trebuie să fi făcut cu tartele—"

„Dar continuă cu «*Toate de la el la tine au venit*»," spuse Alice.

„Păi, uite-le acolo!" spuse Regele triumfător, arătând

tartele pe masă. „Nimic nu poate fi mai clar ca asta. Apoi, din nou—*Înainte de-a se pierde cu firea*»—cred că tu nu te-ai pierdut niciodată cu *firea*, draga mea?" îi spuse Reginei.

„Niciodată!" spuse Regina, furioasă, aruncând cu o călimară în Guşter, în timp ce vorbea. (Micul sărman Bileţel nu mai scrisese pe tăbliţă cu degetul, căci văzu că nu rămâne nimic scris, dar acum reîncepu grăbit, folosindu-se de cerneala care îi picura pe faţă.)

„Atunci, cuvintele nu ţi se potrivesc," spuse Regele, uitându-se în sală cu un zâmbet. Urmă o tăcere monumentală.

„Este un joc de cuvinte!" adăugă Regele nervos şi toată lumea râse. „Să delibereze juriul verdictul," spuse Regele, pentru aproape a douăzecea oară în ziua aia.

„Nu, nu!" spuse Regina. „Sentinţa prima dată—verdictul după."

„Prostii!" spuse Alice tare. „Idea de a da sentinţa prima dată!"

„Ţine-ţi gura!" spuse Regina, învineţindu-se.

„Nu o voi face!" spuse Alice.

„Tăiaţi-i capul!" ţipă Regina cât putu de tare. Nimeni nu mişcă.

„Cui îi pasă de voi?" spuse Alice (ajunse deja la mărimea ei normală). „Nu sunteţi decât un pachet de cărţi!"

La asta, tot pachetul se ridică în aer şi apoi coborî tare asupra ei. Alice scoase un mic ţipăt, jumătate de frică şi jumătate de furie, şi încercă să scape de ele. Se trezi întinsă pe mal, cu capul în poala surorii sale, care îi lua uşor de pe faţă câteva frunze ce îi căzuseră din copaci.

„Trezeşte-te, dragă Alice!" spuse sora ei. „Ei bine, ce vis lung ai avut!"

„Ah, am avut aşa un vis ciudat!" spuse Alice. Îi povesti apoi, atât cât îşi putu aminti, toate aventurile ei ciudate despre care tocmai ai citit. Când termină, sora ei o pupă şi îi spuse „A fost un vis ciudat cu siguranţă, draga mea, dar acum du-te repede la ceai că se face târziu." Astfel, Alice se ridică şi fugi, gândindu-se în timp ce fugea, şi avea şi de ce, la ce vis frumos avuse.

Dar sora ei rămase pe loc așa cum a lăsat-o, sprijinindu-și capul pe mână, uitându-se la apusul soarelui și gândindu-se la micuța Alice și la toate aventurile ei minunate, până ce ajunse și ea oarecum să viseze și ăsta fu visul ei:—

La început, visă despre însuși micuța Alice. Încă o dată, mâinile-i mici îi erau împreunate pe genunchi, iar ochii strălucitori și nerăbdători se uitau în ai ei—îi putea auzi tonalitățile vocii și vedea mișcatul ciudat al capului prin care își ținea pe spate părul ce-i tot venea în ochi—și încă pe când asculta, sau părea să asculte, totul în jurul ei fu populat de făpturile ciudate din visul surorii sale mai mici.

Iarba mare îi foșnăi la picioare când Iepurele Alb trecu grăbit—Șoarecele speriat stropea cu apă în timp ce trecea prin balta din apropiere—putu auzi zornăitul ceștilor de ceai în timp ce Iepurele de Martie și prietenii lui împărțeau masa ce nu se mai termina, și vocea stridentă a Reginei care își condamna sărmanii oaspeți la moarte—încă o dată, purcelușul strănuta pe genunchii Ducesei, în timp ce oale și farfurii se spărgeau în jur—încă o dată, țipătul Grifonului, scârțâitul creionului Gușterului pe tăbliță și sufocarea porcușorilor de Guinea suprimați umpleau aerul împreună cu suspinul depărtat al nefericitei False Broaște-Țestoase.

Astfel, stătea jos, cu ochii închiși, aproape crezându-se în Țara Minunilor, chiar dacă știa că trebuia doar să deschidă ochii din nou, și totul va reveni la realitatea monotonă— iarba va foșnăi doar din cauza vântului, iar balta va clipoci datorită mișcării trestiei—zornăitul ceștilor de ceai se va transforma în zăngănitul clopotelor oilor, iar zbieretele ascuțite ale Reginei în vocea ciobanului—și strănutatul por- cușorului, țipătul Grifonului și toate celelalte zgomote ciudate se vor schimba (știa asta) în vociferarea confuză a ogrăzii animate—în timp ce mugetul vitelor în depărtare va înlocui suspinele adânci ale Falsei Broaște-Țestoase.

În cele din urmă, şi-a imaginat cum aceeaşi surioară a ei va fi, în viitor, ea însăşi o femeie şi cum îşi va păstra, de-a lungul vieţii, inima simplă şi iubitoare a copilăriei şi cum va fi înconjurată de copii cărora le va face ochii să strălucească de curiozitate cu o poveste foarte ciudată, poate chiar şi cu visul Ţării Minunilor ce l-a avut cu foarte mult timp în urmă şi cum va resimţi durerile lor mărunte şi se va bucura de bucuriile lor simple, aducându-şi aminte de propria ei copilărie şi fericitele-i zile de vară.

URĂRI DE CRĂCIUN

(DE LA O ZÂNĂ
PENTRU UN COPIL)

Doamnă dragă, oare zânele pot
    Lăsa la o parte de dragul momentului,
Trucurile iscusite şi jocurile haioase
    Este sezonul fericit al Crăciunului.

Am auzit copiii spunând—
    Dragii copii pe care îi iubim nespus—
Cu mult timp în urmă, în ziua Crăciunului,
    A venit un mesaj de sus.

Şi acum, în sezonul Crăciunului,
    Îşi readuc aminte cu slujire—
Încă răsună sunetul vesel
    „Pace pe pământ şi bună-nvoire!"

Însă, inimile trebuie să fie ca de copil
Căci acolo locuieşte divinul
Pentru copii, în entuziasmul lor,
E tot timpul Crăciunul.

Astfel, doamnă dragă, pentru o clipă
Uitând de trucurile din alţi ani
Am vrea să vă urăm, dacă se poate,
Crăciun fericit şi La mulţi ani!

Lewis Carroll
Crăciunul, 1867.

DRAGI COPII,

În pragul Crăciunului, sper că câteva cuvinte serioase nu sunt nepotrivite, chiar la sfârșitul unei cărți pline de nonsensuri—și vreau să profit de această oportunitate să mulțumesc miilor de copii care au citit „Aventurile lui Alice în Țara Minunilor", pentru interesul binevoitor pe care l-au avut față de mica mea copilă de vis.

Gândul la numeroasele fețe de copii englezi fericiți care i-au zâmbit de bun venit de la gura sobei și la numeroșii copii englezi cărora le-a adus o oră (cred) de amuzament inocent este unul dintre cele mai senine și plăcute vise ale vieții mele. Am deja o sumedenie de prieteni mici, ale căror nume și fețe le cunosc—dar nu pot să nu simt ca și când, prin „Aventurile lui Alice în Țara Minunilor", m-am împrietenit cu mulți, mulți alți copii dragi, ale căror fețe nu le voi vedea niciodată.

Tuturor prietenilor mei mici, cunoscuți și necunoscuți, le doresc din toată inima „Un Crăciun fericit și La mulți ani!" Să vă binecuvânteze Dumnezeu, dragi copii, și să vă facă sezonul Crăciunului, când ajunge la voi, mai luminos şi frumos decât cel de anul trecut—luminos de prezenţa acelui Prieten nevăzut, Care odată pe pământ a binecuvântat copilaşii,—şi frumos cu amintirile unei vieţi pline de iubire, care a căutat şi a descoperit că adevăratul tip de fericire, singurul tip pe care merită să-l avem, fericirea de a face şi pe alţii fericiţi!

Prietenul vostru iubitor,
Lewis Carroll
Crăciunul, 1871.

O U r a r e d e P a ș t e

f i e c ă r u i c o p i l

c ă r u i a î i p l a c e

Alice

D̲ragul meu C̲opil,

Imaginează-ți, te rog, dacă poți, că citești o scrisoare adevărată, de la un prieten adevărat pe care l-ai văzut și a cărui voce ți se pare că o auzi, dorindu-ți, cum o fac acum, din toată inima, un Paște fericit.

Știi acel sentiment adorabil de vis când te trezești prima dată într-o dimineață de vară, cu ciripitul păsărilor în aer și briza proaspătă intrând pe fereastra deschisă—când, stând întins, leneș, cu ochii pe jumătate deschiși, vezi ca prin vis crengi verzi mișcându-se sau ape făcând valuri într-o lumină aurie? Este o plăcere asemănătoare tristeții, ce îți aduce lacrimi în ochi ca și o fotografie frumoasă sau un poem frumos. Și nu sunt alea mâinile blânde ale Mamei care trage draperiile și vocea ei dulce care te strigă să te ridici? Să te ridici și să te uiți, în lumina strălucitoare a soarelui, visele urâte care te-au speriat tare când totul era întuneric—să te ridici și să te bucuri de încă o zi fericită, prima dată îngenunchind pentru a mulţumi Prietenului nevăzut, care îţi trimite soarele frumos?

Sunt aceste cuvinte ciudate venind de la scriitorul unor astfel de poveşti precum „Alice"? Şi este asta o scrisoare ciudată pe care să o găseşti într-o carte plină de nonsensuri? Poate fi. Poate unii mă pot acuza că amestec astfel de lucruri serioase cu altele vesele; alţii pot zâmbi şi crede că e ciudat să se vorbească aşa despre lucruri solemne, în afara Bisericii şi altcândva decât duminica. Dar, eu cred—nu, sunt sigur— că unii copii vor citi asta cu grijă şi dragoste şi în spiritul în care am scris-o.

Căci nu cred că Dumnezeu vrea ca noi să împărţim astfel viaţa în două jumătăţi—să fim serioşi duminica şi să ni să pară deplasat chiar şi menţionarea Lui în zilele săptămânii. Crezi că vrea să vadă doar figuri îngenunchind şi să audă doar rugăciuni—şi că nu îi place să vadă mieii sărind în lumina soarelui şi să audă vocile fericite ale copiilor în timp ce se rostogolesc în fân? Sigur, râsul lor inocent este la fel de dulce în urechile Lui ca şi cel mai măreţ imn care s-a auzit vreodată în „întunecata lumină religioasă" a vreunei catedrale solemne?

Şi dacă am scris ceva pentru a adăuga acelor rezerve de amuzament inocent şi sănătos ce sunt înmagazinate în cărţile pentru copiii pe care îi iubesc atât de mult, este cu siguranţă ceva la care pot spera să mă uit înapoi fără ruşine şi tristeţe (la cât de multă viaţă trebuie atunci amintită!) când îmi va veni rândul să merg prin valea umbrelor.

Soarele acestui Paşte va răsări pe tine, dragă copile, simţindu-te „viu în toate părţile corpului" şi nerăbdător să te grăbeşti în aerul proaspăt al dimineţii—şi multe zile de Paşte vor trece până când te va găsi slăbit şi cărunt, târându-te istovit să mai stai încă o dată la soare—dar e bine, chiar şi acum, să te gândeşti la acea dimineaţă măreaţă când „va răsări Soarele neprihănirii și tămăduirea va fi sub aripile Lui."

Sigur nu trebuie să fii mai puțin bucuros la gândul că într-o zi vei vedea un apus mai luminos ca acesta—când îți vor ieși în ochi priveliști mai frumoase decât orice copac ce se leagănă și apă ce se unduiește—când mâini de înger îți vor trage draperia și voci mai dulci decât a rostit vreodată Mama mereu iubitoare te vor trezi la o zi nouă și glorioasă—și când toată tristețea și păcatul, care a întunecat viața pe acest mic pământ, vor fi uitate ca și visele unei nopți ce a trecut!

Prietenul tău iubitor,
Lewis Carroll
Paștele, 1876.

Elucidating Alice: A Textual Commentary on *Alice's Adventures in Wonderland*, by Selwyn Goodacre, 2015

Behind the Looking-Glass: Reflections on the Myth of Lewis Carroll, by Sherry L. Ackerman, 2012

Selections from the Lewis Carroll Collection of Victoria J. Sewell, compiled by Byron W. Sewell, 2014

SOCIAL COMMENTARY

Clara in Blunderland, by Caroline Lewis, 2010

Lost in Blunderland: The further adventures of Clara, by Caroline Lewis, 2010

John Bull's Adventures in the Fiscal Wonderland, by Charles Geake, 2010

The Westminster Alice, by H. H. Munro (Saki), 2017

Alice in Blunderland: An Iridescent Dream, by John Kendrick Bangs, 2010

SIMULATIONS

Davy and the Goblin, by Charles Edward Carryl, 2010

The Admiral's Caravan, by Charles Edward Carryl, 2010

Gladys in Grammarland, by Audrey Mayhew Allen, 2010

Alice's Adventures in Pictureland, by Florence Adèle Evans, 2011

Folly in Fairyland, by Carolyn Wells, 2016

Rollo in Emblemland, by J. K. Bangs & C. R. Macauley, 2010

Phyllis in Piskie-land, by J. Henry Harris, 2012

Alice in Beeland, by Lillian Elizabeth Roy, 2012

Eileen's Adventures in Wordland, by Zillah K. Macdonald, 2010

Alice and the Time Machine, by Victor Fet, 2016

Алиса и Машина Времени (Alisa i Mashina Vremeni), *Alice and the Time Machine* in Russian, tr. Victor Fet, 2016

Les Aventures d'Alice au pays des merveilles,
Alice in French, tr. Henri Bué, illus. Mathew Staunton, 2015

ელისის თავგადასავალი საოცრებათა ქვეყანაში (Elisis t'avgadasavali saoc'rebat'a k'veqanaši), *Alice* in Georgian, tr. Giorgi Gokieli, 2016

Alice's Abenteuer im Wunderland,
Alice in German, tr. Antonie Zimmermann, 2010

Die Lissel ehr Erlebnisse im Wunnerland,
Alice in Palantine German, tr. Franz Schlosser, 2013

Der Alice ihre Obmteier im Wunderlaund,
Alice in Viennese German, tr. Hans Werner Sokop, 2012

Balþos Gadedeis Aþalhaidais in Sildaleikalanda,
Alice in Gothic, tr. David Alexander Carlton, 2015

Nā Hana Kupanaha a ʻĀleka ma ka ʻĀina Kamahaʻo,
Alice in Hawaiian, tr. R. Keao NeSmith, 2017

Ma Loko o ke Aniani Kū a me ka Mea i Loaʻa iā ʻĀleka
ma Laila, *Looking-Glass* in Hawaiian, tr. R. Keao NeSmith, 2017

Aliz kalandjai Csodaországban,
Alice in Hungarian, tr. Anikó Szilágyi, 2013

Ævintýri Lísu í Undralandi, *Alice* in Icelandic, tr. Þórarinn Eldjárn, 2013

L'Aventuri di Alicia en Marvelia, *Alice* in Ido, tr. Gonçalo Neves, 2020

Le Aventuras de Alice in le Pais del Meravilias,
Alice in Interlingua, tr. Rodrigo Guerra, 2020

Eachtra Eibhlíse i dTír na nIontas,
Alice in Irish, tr. Pádraig Ó Cadhla (1922), 2015

Eachtraí Eilíse i dTír na nIontas, *Alice* in Irish, tr. Nicholas Williams, 2007

Lastall den Scáthán agus a bhFuair Eilís Ann Roimpi,
Looking-Glass in Irish, tr. Nicholas Williams, 2009

Le Avventure di Alice nel Paese delle Meraviglie,
Alice in Italian, tr. Teodorico Pietrocòla Rossetti, 2010

Alis Advencha ina Wandalan,
Alice in Jamaican Creole, tr. Tamirand Nnena De Lisser, 2016

L's Aventuthes d'Alice en Êmèrvil'lie,
Alice in Jèrriais, tr. Geraint Williams, 2012

L'Travèrs du Mitheux et chein qu'Alice y dêmuchit,
Looking-Glass in Jèrriais, tr. Geraint Williams, 2012

Алисэ Телъыджэщӏым зэрышыӏар (Alisė Telˮydzhėshchhym zėryshyḣar), *Alice* in Kabardian, tr. Murat Temyr & Murat Brat, 2020

Алиса Къужур Дунияны Къыдырады (Alisa Qujur Duniyanı Qıdıradı), *Alice* in Karachay-Balkar, tr. Magomet Gekki, 2019

Әлисәнің ғажайып елдегі басынан кешкендері (Älïsäniñ ğajayıp eldegi basınan keşkenderi), *Alice* in Kazakh, tr. Fatima Moldashova, 2016

Алисаның Хайхастар Чирінзер чорығы (Alïsanıñ Hayhastar Çïrinzer çorığı), *Alice* in Khakas, tr. Maria Çertykova, 2017

Алисакӧд Шемӧсмуын лоӧмторъяс (Alisaköd Šemösmuyn loömtorˮias), *Alice* in Komi-Zyrian, tr. Evgenii Tsypanov & Elena Eltsova, 2018

Алисаның Кызыктар Өлкөсүндөгү укмуштуу окуялары (Alisanın Kızıktar Ölkösündögü ukmuştuu okuyaları), *Alice* in Kyrgyz, tr. Aida Egemberdieva, 2016

Las Aventuras de Alisia en el Paiz de las Maraviyas,
Alice in Ladino, tr. Avner Perez, 2016

לאס אב׳ינטוראס די אליסייה אין איל פאיס די לאס מאראב׳יליאס
(Las Aventuras de Alisia en el Paiz de las Maraviyas),
Alice in Ladino, tr. Avner Perez, 2016

Alisis pīdzeivuojumi Breinumu zemē,
Alice in Latgalian, tr. Evika Muizniece, 2015

Alicia in Terrā Mīrābilī, *Alice* in Latin, tr. Clive Harcourt Carruthers, 2011

Alicia in Terrā Mīrābilī: Ēditiō Bilinguis Latīna et Anglica,
Alice in Latin, bilingual edition, tr. Clive Harcourt Carruthers, 2018

Aliciae per Speculum Trānsitus (Quaeque Ibi Invēnit),
Looking-Glass in Latin, tr. Clive Harcourt Carruthers, forthcoming

Alisa-ney Aventuras in Divalanda, *Alice* in Lingua de Planeta (Lidepla), tr. Anastasia Lysenko & Dmitry Ivanov, 2014

La aventuras de Alisia en la pais de mervelias,
Alice in Lingua Franca Nova, tr. Simon Davies, 2012

Alice ehr Eventüürn in't Wunnerland,
Alice in Low German, tr. Reinhard F. Hahn, 2010

Contoyrtyssyn Ealish ayns Çheer ny Yindyssyn,
Alice in Manx, tr. Brian Stowell, 2010

Ko Ngā Takahanga i a Ārihi i Te Ao Mīharo,
Alice in Māori, tr. Tom Roa, 2015

Dee Erläwnisse von Alice em Wundalaund,
Alice in Mennonite Low German, tr. Jack Thiessen, 2012

Auanturiou adelis en Bro an Marthou,
Alice in Middle Breton, tr. Herve Le Bihan & Herve Kerrain, forthcoming

The Aventures of Alys in Wondyr Lond,
Alice in Middle English, tr. Brian S. Lee, 2013

Þurh þe Loking-Glas and What Alys Founde Þere,
Looking-Glass in Middle English, tr. Brian S. Lee, forthcoming

L'Avventure d'Alice 'int' 'o Paese d' 'e Maraveglie,
Alice in Neapolitan, tr. Roberto D'Ajello, 2016

Attravierzo 'o specchio e cchello c'Alice ce truvaie,
Looking-Glass in Neapolitan, tr. Roberto D'Ajello, 2019

L'Aventuros de Alis in Marvoland, *Alice* in Neo, tr. Ralph Midgley, 2013

Elises Eventyr i Undernes Land: den første norske *Alice:*
Elise's Adventures in the Land of Wonders: the first Norwegian *Alice,*
Alice in Norwegian, ed. & tr. Anne Kristin Lande, 2020

Alice sine opplevingar i Eventyrlandet,
Alice in Nynorsk, tr. Sigrun Anny Røssbø, 2020

Æðelgýðe Ellendǽda on Wundorlande,
Alice in Old English, tr. Peter S. Baker, 2015

La geste d'Aalis el Païs de Merveilles,
Alice in Old French, tr. May Plouzeau, 2017

Alitjilu Palyantja Tjuta Ngura Tjukurmankuntjala (Alitji's Adventures
in Dreamland), *Alice* in Pitjantjatjara, tr. Nancy Sheppard, forthcoming

Mbalango wa Alice eTikweni ra Swihlamariso,
Alice in Shangani, tr. Peniah Mabaso & Steyn Khesani Madlome, 2015

Ahlice's Aveenturs in Wunderlaant,
Alice in Border Scots, tr. Cameron Halfpenny, 2015

Alice's Mishanters in e Land o Farlies,
Alice in Caithness Scots, tr. Catherine Byrne, 2014

Alice's Adventirs in Wunnerlaun,
Alice in Glaswegian Scots, tr. Thomas Clark, 2014

Ailice's Anters in Ferlielann,
Alice in North-East Scots (Doric), tr. Derrick McClure, 2012

Throwe the Keekin-Gless an Fit Ailice's Funn There,
Looking-Glass in North-East Scots (Doric), tr. Derrick McClure, 2020

Alice's Adventirs in Wonderlaand,
Alice in Shetland Scots, tr. Laureen Johnson, 2012

Ailice's Àventurs in Wunnerland,
Alice in Southeast Central Scots, tr. Sandy Fleemin, 2011

Ailis's Anterins i the Laun o Ferlies,
Alice in Synthetic Scots, tr. Andrew McCallum, 2013

Alice's Carrànts in Wunnerlan,
Alice in Ulster Scots, tr. Anne Morrison-Smyth, 2013

Alison's Jants in Ferlieland,
Alice in West-Central Scots, tr. James Andrew Begg, 2014

Alice muNyika yeMashiripiti,
Alice in Shona, tr. Shumirai Nyota & Tsitsi Nyoni, 2015

Алисаның қайғаллыг Черинде полған чоруктары (Alisanıñ qayğallığ
Çerinde polğan çoruqtarı), *Alice* in Shor, tr. Liubov' Arbaçakova, 2017

Alis bu Cëlmo dac Cojube w dat Tantelat,
Alice in Surayt, tr. Jan Beṯ-Ṣawoce, 2015

Alisi Ndani ya Nchi ya Ajabu, *Alice* in Swahili, tr. Ida Hadjuvayanis, 2015

Alices Äventyr i Sagolandet, *Alice* in Swedish, tr. Emily Nonnen, 2010